新渠道爆量增长

渠道思维、新渠道开拓、新媒体运营

杨军◎著

人 民 邮 电 出 版 社

北京

图书在版编目（CIP）数据

新渠道爆量增长：渠道思维、新渠道开拓、新媒体运营 / 杨军著. -- 北京：人民邮电出版社，2023.6
ISBN 978-7-115-61370-7

Ⅰ. ①新… Ⅱ. ①杨… Ⅲ. ①市场营销学 Ⅳ. ①F713.50

中国国家版本馆CIP数据核字(2023)第049834号

内 容 提 要

　　随着新技术的发展、销售形态和环境的变化、渠道的逐步细分，渠道愈发重要。传统的渠道因为成本增加、效率不高等，逐渐式微，而新的渠道形式不断出现。新兴消费群体崛起、新消费习惯产生、不同产业相互融合等变化，都促使企业寻找特殊渠道。

　　本书围绕渠道思维、特殊渠道管理、大企业渠道运营、短视频渠道运营、直播电商渠道运营等方面，详细讲述在开拓与维护渠道过程中的策略与方法。本书适合销售人员、渠道经理、零售企业管理者等读者阅读。

◆　著　　　　　　杨　军
　　责任编辑　　李士振
　　责任印制　　周昇亮

◆　人民邮电出版社出版发行　　北京市丰台区成寿寺路 11 号
　　邮编　100164　　电子邮件　315@ptpress.com.cn
　　网址　https://www.ptpress.com.cn
　　天津翔远印刷有限公司印刷

◆　开本：880×1230　1/32
　　印张：8　　　　　　　　　　2023 年 6 月第 1 版
　　字数：258 千字　　　　　　2023 年 6 月天津第 1 次印刷

定价：79.80 元

读者服务热线：(010)81055296　印装质量热线：(010)81055316
反盗版热线：(010)81055315
广告经营许可证：京东市监广登字 20170147 号

前言

纵观中外商业历史的长河，众多企业凭借强大的竞争力脱颖而出，塑造出一个又一个品牌。复盘众多企业发展的路径，可以发现，企业对增量渠道的设计、管理和创新，是不可或缺的重要因素。

进入 5G 时代，以移动互联网技术为代表的信息经济融入了全社会的运行，企业的增量渠道环境发生了巨大的变化，原本限制渠道发展革新的空间、时间、数据、信息等方面的矛盾不复存在，而新的问题开始出现。这就要求企业不断优化增量渠道的管理模式，不断完善增量渠道的运营，用增量渠道加持存量渠道，最终赢得更多的渠道。

为了帮助更多企业获得增量渠道，特撰写本书。本书有以下三个方面的亮点。

第一，本书能满足初创企业了解增量渠道建设的需要。本书从培养企业市场营销团队的岗位管理能力需求出发，根据增量渠道管理实务的需要，将工作过程中的各个环节、各项目标加以分解。其中对相关的重要知识点均进行理论讲述，辅以实际案例分析，确保读者能建构起基本的渠道理论知识体系，以便后续学以致用。

第二，本书具有现实意义。本书第 2 章侧重体现了增量渠道思维的新方向、新意义和新价值。例如，本书创造性提出了改变传统渠道、重视特殊渠道的基础方法体系。而本书第 3 章则结合现有各类企业面对传统渠道增长缓慢的困惑，提出了特殊渠道管理与运营的思路与策略，并将特殊渠道分为酒店、餐饮、交运、厂企、医疗、银企、烘咖、通信、休闲娱乐等，对每一类渠道的管理实践加以总结，形成新理论和新观点。本书第 4 章着重介绍了大企业的渠道管理，提供了观察该类企业增量渠道管理的新视角、新模式和新知识。这些内容既增强了本书内容的时代感和发展性，也让与不同行业渠道相关的企业能在短时间内找准自身发展增量渠道的方向。

第三，本书突出了实用性和操作性。全书收集并整理了对增量渠道的成功管理案例，结合当前市场竞争的热点进行剖析。读者可以带着前人的经验展开对增量渠道管理知识的学习，同时又能带着问题去思考已有的成功案例。在第 6 章中，本书着力帮助读者学习 5G 时代的新媒体渠道构建与运营，以短视频和直播电商两大具有代表意义的新媒体渠道为重点，根据从事该渠道营销所需设计和管理实务要求，结合以抖音平台为主的项目内容案例，帮助读者更好地将新媒体渠道运营知识点和操作技巧结合起来。

本书内容来自作者对增量渠道多年如一日的管理咨询经历，其方法经过大量实践验证，其心得来自行业前沿和企业高层的智慧融合。本书图表翔实、案例经典、语言表达准确，作者将原本枯燥的渠道管理知识凝聚到书中，再分解为可操作性极强的分支方法，犹如在读者身边提供咨询意见的专业管理顾问，帮助读者开拓增量渠道。

目录

第 3 章 如何做好特殊渠道管理与运营

第 5 章　渠道评估和重构的策略与方法

第 6 章　5G 时代的新媒体渠道构建与运营

第 1 章
找准增量渠道，才能跳出销量困境

　　随着经济形势的发展、社会生活环境的变迁，市场竞争的激烈程度远超过往。越来越多的企业管理者意识到，只有产品、服务和品牌影响力是不够的，必须充分重视营销增量渠道的探索、建设、运营和管理。

　　只有找准增量渠道，才能跳出销量困境，让企业源源不断获得新鲜血液。

1.1 渠道管理为什么如此重要

近年来，国内企业经历过多阶段的竞争浪潮。最初竞争以产品为核心，企业各显神通，提高产品附加值、提升科技含量、迭代功能等招数层出不穷。随后竞争又以价格战为特征，让利促销等方式屡见不鲜。接踵而来的是品牌营销大潮，采用名人代言、心智定位、品牌拟人化等竞争方式。

竞争方式的改变，对扩大企业产品销量产生显著作用。然而，无论是战略层面的设计，还是战术层面的执行，竞争方式都具有可复制移植的显著特点。

因此，渠道管理成了保持营销竞争力的关键。

1.1.1 渠道和 B2B 渠道

"渠道"二字，在汉语中原本和商业无关，是指在河流湖泊周围开挖的水道，以便进行引流灌溉。随着市场经济模式的建立，渠道特指企业利用各种方式，将产品流通到终端客户手中，并收回成本、获取利润这一途径。这一概念形象地展现了产品的转移轨迹，渠道包括企业营销过程中的所有环节。

营销渠道的起点是制造商，而终点则是客户。渠道运转过程中，还包括经销商、分销商、批发商、零售商、代理商、经纪人等环节，它们共同组成了产品的价值流动链。

图 1.1-1 所示为不同的营销渠道示例。

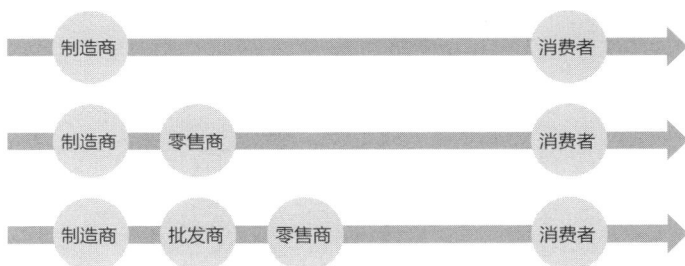

图 1.1-1　不同的营销渠道示例

　　制造商到消费者的产品流动渠道中，不仅有批发商、零售商，还可以纳入经销商、分销商、代理商等角色。随着社会经济的发展，更多新角色不断产生，如调研、广告、咨询、投资、会计、法律等服务参与者。但无论渠道的种类如何变化，本质都不会改变。对制造商而言，能将产品以最高效率、最大利润送到消费者手中的渠道，就是最好的渠道。尤其在移动互联网时代，线上、线下的营销对接日益紧密，由此诞生了极具代表性的高效渠道，即 B2B 渠道。

　　B2B，是指企业和企业之间通过互联网进行营销信息交换和传递，完成交易活动的商业模式。由此形成的营销渠道，称为 B2B 渠道。B2B 渠道能将企业的产品或服务，通过移动互联网同客户企业紧密结合，从而为双方提供更高的价值，促进双方的发展。当然，线下的企业和企业之间，也能形成 B2B 渠道。

　　想要找准增量渠道并予以充分利用，企业就要善于在 B2B 渠道中做文章，其前提是摸准渠道模式的影响因素。

1.1.2　渠道模式的 6 个影响因素

　　图 1.1-2 所示为渠道模式的 6 个影响因素。

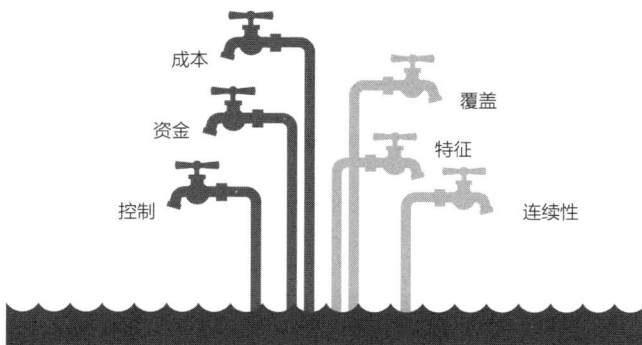

图 1.1-2　渠道模式的 6 个影响因素

　　企业在选择渠道模式时，必须考虑 6 个因素，即成本、资金、控制、覆盖、特征和连续性。

1. 成本

　　成本主要指企业开发、管理渠道的所有成本。其中，管理成本是大头，包括维持企业营销的开支、支付给渠道商的佣金、物流费用、运输费用、各类文书工作费用、广告促销费用、谈判费用。

　　渠道成本的产生是不可避免的，企业管理者必须在渠道成本和利润之间做出选择。

2. 资金

　　资金主要指企业开发、管理渠道的资金。企业若想建立完全属于自身的销售渠道，使用自有的销售、物流、服务队伍，就需要投入大量的资金；如果与经销商、服务商合作，就能适当减少资金投入。

3. 控制

　　企业对渠道的开发和管理过程，会直接影响其控制渠道的能力。例如，企业开发渠道能力弱，不得不借助其他平台，中间环节就会增多，企业对价格、营销、服务等方面的控制能力就会减弱。此外，企业的渠道控制水平因产品不同而有所区别。例如，工业品的客户相对少、渠道相对短，中间环节更多依赖企业自己的市场管理部门，因此企业的控制能力就较强；消费品的客户较多、渠道较长，企业的控制能力就较弱。

4. 覆盖

覆盖主要指渠道对市场的影响程度。覆盖意味着潜在的销售额、市场占有率和渗透率。覆盖范围当然不是越大越好，还需要考虑市场的稳定、合理、高效，这样才能为企业持续带来稳定收益，否则，窜货、价格倒挂等负面效应就会凸现。因此，在规划、开发和管理渠道的过程中，覆盖面也是重要的参考因素。

5. 特征

企业在开发和管理渠道时，必须充分考虑自身特征、产品特征、市场特征等。

企业特征（自身特征）包括规模、财务、产品组合、经营战略等。企业规模越大、资金实力越强，就越容易与渠道商建立合作关系。同时，产品组合种类多、差异大，就需要使用较多的渠道；产品组合种类少、差异小，则应使用少量甚至独家渠道。企业的经营战略对渠道的选择也会产生影响，例如企业采取灵活快速的经营战略，就要选择更短的渠道。

产品特征，如标准化程度、保管方式、体积、服务要求等，都会对渠道的开发和管理产生重要影响。例如，企业经营生鲜，就必须使用较短而集中的销售渠道。如果企业经营标准化程度高、单位价值低、易于保存的产品，销售渠道就能适当延长、加宽。

市场特征，主要是指不同行业、地域的市场集中程度、顾客特征、政策特征等。市场越是集中，企业选择的渠道就越短。此外，即便经营相同产品，不同的顾客在购买习惯上也有所不同，企业的营销渠道必须与顾客的购买习惯相适应。

6. 连续性

保证渠道连续运转，是企业面临的重要课题。渠道的成功运行并非一劳永逸，无论是渠道商退出，还是市场竞争的打压，或者是技术上的创新，都可能对既有渠道产生冲击。为此，企业必须采取各种有效措施，维持渠道的连续稳定，培养合作者和客户的忠诚性。

1.1.3　如何理解增量渠道

增量渠道帮助企业将产品销售出去，又让消费者能方便、快捷地获得来自世界各地的产品和服务。

企业想要进一步准确理解增量渠道的价值，就必须准确理解增量渠道的功能和作用。

1. 增量渠道的功能

增量渠道的主要功能，在于确保产品从生产者转移到消费者的过程高效、顺畅，并努力缓和直至消除供应和需求之间的矛盾。

增量渠道的上述功能，主要表现在以下方面。

（1）销售功能。销售产品、获取利润、达成经营目标，是增量渠道原始、基本也很日常的功能。增量渠道能将满足消费者所需的产品和服务，以消费者便于接受的方式传递给他们。

（2）沟通功能。渠道不仅传递价值，还传递信息。通过增量渠道，与产品和服务相关的信息得以从终端消费者传递到生产企业，渠道商也可以将市场调研中的各类信息传递给渠道中的其他成员。通过类似的双向信息反馈，渠道扮演着企业和消费者之间相互沟通的纽带角色。

（3）服务功能。渠道的运行也是成员相互服务的过程。在渠道中，上游环节的成员向下游环节的成员提供服务功能。由于市场竞争激烈，价值差异越来越聚焦于服务价值。通过增量渠道，企业能逐层为经销商、批发商、零售商、终端消费者提供服务，例如提供信息、培训、送货、安装、维修等。

（4）物流功能。渠道是商品流通的管道，具有物流作用。通过渠道，产品从出厂经历运输、储存、配送过程，直到被送至最终消费者手中。

（5）风险分担功能。渠道内，产品所有权不断转移，原本集中在生产企业上的风险被不断转换和分散。渠道中每个环节的成员，根据各自通过分销所能获得的利润，承担各自应承担的风险。

（6）融资功能。渠道成员为执行各自的职责，需要对各环节进行独立投资。类似投资确保生产商能更快回收资金、获得利润，提高自身资金周转速度，无形中产生了融资功能。

2. 增量渠道的作用

近年来，尽管企业的竞争环境面临很大变化，但增量渠道的开发和管理在企业经营中的地位得到了进一步认识。其作用主要表现在以下方面。

（1）保持竞争优势。一旦建立了稳定的增量渠道，企业就能长期立足于渠道，获得竞争者难以在短期内模仿成功的优势。

（2）协作共赢。增量渠道不仅为生产企业带去收益，也为渠道商带去诸多好处。渠道商开始分享市场主导权，而在某些行业，销售商甚至能凭借规模、资金和品牌，获得生产商的最大让利，并因此具有更大谈判优势。这说明，增量渠道促成了生产商和渠道商之间的协作，杜绝了单方面压制的可能，帮助形成双赢局面。

（3）提升流通效率。有效的增量渠道能为企业提升产品流通效率。企业想要削减成本、提高利润，就不能只看到内部革新机会，同样要向外部积极探求，利用增量渠道的评估、优化来降低流通成本。

（4）获得稳定盟友。在激烈竞争中，企业多一个盟友，就能多一分解决困难的能力。这既要求企业管理者减少甚至不犯错误，也要求企业能与中间商、代理商、服务商等保持良好合作关系。建立高效的增量渠道，是实现这一目标的有效途径。

1.2　渠道战略与渠道管理

渠道战略管理是企业营销系统的重要工作内容。通过战略管理，企业能有效降低渠道成本，提升渠道竞争力。战略管理是渠道规划、开发和管理的起点，也是企业利用渠道开拓市场、完成营销业绩、达成战略目标的重要手段。

1.2.1　什么是渠道战略

渠道战略是企业营销战略的重要组成部分。任何渠道战略都需要不断变革来适应市场竞争形势的变化。

企业应主要针对以下渠道特征设定渠道战略。

1.　渠道长度

渠道长度是指产品从生产企业移交到消费者手中所需经历的中间环节。中间环节数量与渠道长度成正比。

根据渠道长度，渠道战略可分为直接渠道和间接渠道两种类型。

（1）直接渠道的特点是企业直接将产品销售给终端消费者，中间没有其他企业、组织。

（2）间接渠道的特点是企业通过渠道商将产品销售给消费者，直接渠道有一级、二级、三级渠道类型。其中，一级渠道是指产品只经过一级中间商，转移给消费者。

2. 渠道宽度

渠道宽度是指渠道所覆盖的目标市场群体。渠道内覆盖的中间商数量越多，则渠道宽度越大。

根据渠道宽度不同，渠道战略分为以下类型。

（1）密集型渠道战略。企业选择尽可能多的同类型渠道商参与经销产品，以此确保产品的市场占有率不断提高，产品广泛占领目标市场。

密集型渠道战略帮助企业获得尽可能大的市场覆盖面，增加和潜在消费者接触的概率，从而充分发挥渠道商的作用。这一战略的缺点在于管控成本较大，而且渠道内部竞争相当激烈，容易造成内耗。

（2）选择型渠道战略。企业在同类型渠道商中，按照一定标准选择少数成员进行渠道分销。这类战略通常应用于普通消费品或工业品的零配件品类销售中。通过应用该类渠道战略，企业对渠道加以限制，从而充分控制渠道，保证一定的市场覆盖面和消费者接触率。这一战略的缺点是在渠道商各有优势的情况下，企业难以选择。

（3）单一型渠道战略。企业按照严格标准从同类型的渠道商中择优选择出独家代理商，作为专营增量渠道的经营者。该战略适用于技术性强、价值高的渠道。其优点在于企业容易控制营销渠道，产品竞争程度较低；而弊端在于市场覆盖面不足，消费者接触率较低，企业对独家渠道商依赖程度较大。

3. 渠道类型

根据渠道类型，渠道战略被分为不同类型。通常而言，企业选择的渠道单一，就说明企业采用的是单一型渠道战略。企业选择的渠道数量多，则说明采用的是多渠道战略。多渠道战略通常可分为集中型、选择型和混合型三种。

（1）集中型渠道战略是指在产品单一的市场中，开发、管理多条增量渠道，并鼓励各渠道商积极竞争。

（2）选择型渠道战略是指针对不同市场，选择不同增量渠道，渠道商之间的竞争较少。

（3）混合型渠道战略综合了上述两种渠道战略。

1.2.2　如何协调渠道战略和渠道管理

渠道战略是为了实现渠道目标而形成的企业指导方针。其意义在于将企业的市场经营战略贯彻到渠道管理领域，从而最大限度发挥渠道资源和其他企业资源的协同作用。

渠道管理属于渠道战略的执行内容。管理者应该在战略指导下，以渠道战略定位为基础，以满足针对性客户需求为落脚点，在充分了解企业渠道内外特点的基础上，设计并选择合理的管理方案。

图1.2-1所示为渠道战略对渠道管理的影响过程。

| 分析渠道服务对象 | 确定渠道服务目标和任务 | 分析渠道管理的影响因素 | 设计渠道管理方案 | 评价并调整渠道管理方案 |

图1.2-1　渠道战略对渠道管理的影响过程

渠道战略对渠道管理的影响过程，分为如下5个阶段。

1.　分析渠道服务对象

企业在开始渠道管理前，首先应明确渠道所对应的客户需求。企业通常应从最终客户购买数量、频次、时间特点、空间特点、选择特点、服务需求等角度，分析渠道的精准服务对象。

2.　确定渠道服务目标和任务

企业必须确定具体的服务目标和任务，才能确定渠道战略，并将之同管理相结合。

为保证渠道战略目标通过管理得到落实，企业需要从生产计划、渠道支持、物流配送、一线销售、售后服务、风险分担等角度，对各渠道的管理目标和任务进行分解，达成可量化、可分析、可汇总的要求。

3.　分析渠道管理的影响因素

企业自身特点、产品特性、目标市场、客户的购买习惯、竞争对手动向及宏观环境的发展，都会影响渠道管理的效果。因此，在设计渠道管理方案时，企业需要对增量渠道所处的具体战略环境进行考察，对其中呈现的影响因素进行综合考虑。

4.　设计渠道管理方案

设计渠道管理方案时，需要对如何管理渠道长度、宽度进行构想，并对渠道商的类型选择、权责分配、管理措施等做出权衡设计。

不同的渠道管理方案，有不同的优势和不足。企业无须追求所谓最佳方案，而是要根据环境和自身特点，选择合适的方案。

5.　评价并调整渠道管理方案

不同的渠道管理方案在执行结果上看似相同，即都是将产品送到最终消费者手中，但企业不管采取哪种渠道管理方案，都需要对渠道资源加以分配，并耗费对应的成本。为此，企业需要从成本、控制、收益三个层面，对现有渠道管理方案进行评价和调整，从而确定最佳方案。

在评价和调整过程中，企业可以邀请不同的渠道商对管理方案提出评估意见，全面了解其中存在的改进空间。企业也可以召开非正式会议，讨论目前方案执行效果和战略目标之间存在的差距，以寻求改进方案。企业还可以结合市场或竞争环境的变化，对影响渠道管理最大的因素进行分析，以选择合适的渠道管理方案。

1.2.3 渠道管理与供应链管理

渠道管理和供应链管理，是近年来越来越频繁被同时提及的两大相关概念。渠道更多从企业自身出发，而供应链则从整个市场流动的层面出发。供应链的重点是如何将产品或服务提供给最终消费者，其中包括提供原材料和零配件的供应商、负责加工装配的制造商、负责代理和销售的分销商、负责储运配送的物流商、负责零售的零售商等。通常情况下，供应链并不包括负责提供服务的广告商、咨询机构和金融机构等。

从管理概念上看，供应链管理是指对产品从最初原材料采购到最终消费完成的全过程进行管理，包括对物流、价值流、信息流的管理。由于供应链包罗万象，因此其管理对象越来越丰富，包括客户关系、客户服务、客户需求、订单、生产、采购、物流、开发、营销等。而通常指的"供应链管理"主要集中在物流管理领域。

渠道管理和供应链管理并非简单的上下级关系，也不是片面的包含关系，两者之间存在概念上的交叉和影响，并存在必然联系。一方面，增量渠道的建立、特征、内部关系、管理状况，会在很大程度上对供应链管理产生影响；另一方面，供应链管理是否成功，又会影响增量渠道的运营效率。企业想要持续发展，必须同等重视二者，避免厚此薄彼而造成不利影响。

具体而言，渠道管理和供应链管理在以下方面会相互影响。

（1）供应链管理讲求不同企业的增量渠道整合。在供应链中，企业通常只在其中某个环节发挥作用；而渠道管理则以企业为核心进行资源配置。不同企业的渠道管理工作衔接起来，才能打造出集成化的供应链管理效果。

（2）供应链管理强调不同企业间的分销管理协作。未来，市场竞争的结果将很大程度取决于企业对外的合作能力。企业仅靠自身资源优势来维持分销管理水平是很难的，更不可能依靠一己之力提升供应链管理水平。只有企业和企业携手，就增量渠道管理进行战略协作，充分互补，才能打造优质的供应链管理体系。

（3）供应链管理实践革新了增量渠道管理理论。传统的营销理论认为，渠道管理只是企业内部的事情，这并不利于提高企业对渠道的管理效率。供应链管理实践，让每个企业以更为宏观的视角完成自我认识和对外观察，以更好地适应信息时代多变市场的需要。

第 2 章
没有增量渠道思维，做不好渠道管理

　　资源决定竞争结果水平的下限，思维决定竞争结果水平的上限。企业的良好营销业绩，源于良好的渠道管理。为保证良好的渠道管理效果，企业管理者必须率先行动，培养符合市场竞争需求的增量渠道思维。

2.1　不培养渠道思维，凡事事倍功半

企业怎样提升营销业绩？是做好对营销人员的业绩考核，还是向营销团队的中层经理下发任务，或是不断招聘有经验的营销人员？答案都是否定的。

一线销售工作只是产品和服务渠道面向消费者的最终环节，属于企业营销网络的神经末梢，其表现很大程度上受制于渠道本身的效率。如果企业家不去主动培养渠道思维，对营销的管理就只能事倍功半。

2.1.1　有思维，才高效：为什么要培养渠道思维

企业开展营销，犹如军队参加战斗。当企业内外所有的供应、研发、生产、支持、管理部门都围绕营销共同构成系统时，企业才会如同精密有序的战争机器，在竞争中无往不胜。因此，企业管理人员必须建立有关渠道的系统思维，其中尤以增量渠道思维为重。

不少中小企业错误地认识渠道，认为渠道无非就是找代理、找物流、布局零售、做好促销等事情。但渠道的运行实际上是复杂而专业的，企业管理人员只有拥有正确的渠道管理思维，才能围绕众多营销内容解决问题；如果缺乏渠道思维，所有的营销管理举措都难以真正落到实处。

具体而言，企业的所有营销渠道都能分为两部分，一部分是存量渠道，一部分是增量渠道。前者对应存量市场，后者对应增量市场。

存量市场，即已经被企业发现或占有的市场份额。管理存量渠道，主要是从"有"到"优"的过程，利用优化思维，围绕存量渠道所对应的终端消费者做好服务、维系、提升满意度等工作。

增量市场，即尚未被企业发现或未被占有的潜在市场份额。增量市场是不断产生的，既受客观环境变化的影响，也受企业自身的影响。多年前，男士面膜这一化妆品品类几乎没有市场，但今天，新的青年男性消费群体的崛起，加之社会文化的多元化发展，促进其个人生活和消费观念的改变，他们就构成了面膜厂商的重要增量市场。除了类似的客观变化，企业在研发、融资、工艺等方面取得突破后，也很可能创造出新的产品品类，致力于满足新客户的需求，这同样意味着增量市场的到来。

因此，对增量渠道的管理，更多是从"无"到"有"的过程。增量渠道主要通过营销活动获取新客户，其成绩也表现为市场份额的增加。

如果用蛋糕来比喻，存量渠道思维是研究如何将蛋糕做好看、好吃，而增量渠道思维是研究如何做出更多、更大的蛋糕。很长时间以来，不少中小企业家都追求前者，他们认为自己对存量渠道研究深入、富有优势，应先做好手头的事情。这种态度很快使其滑向了故步自封和思维禁锢，导致其忽略了增量渠道思维的形成。

实际上，无论存量市场被深耕得有多细致、开发和再开发得有多深入，都有价值消耗殆尽的那一天。正如全世界蕴藏的石油资源异常丰富，但在全人类日复一日地开采和使用下，总有枯竭的时候。因此，各大国从顶尖科研力量到战略决策高层，主要研究的不是怎样高效利用石油，而是尽快寻找、建立能完美替代石油资源的新能源系统。同理，一家企业不能躺在存量渠道上，企业家应该用大部分工作时间思考如何找到增量市场，如何利用增量渠道思维开拓第二增长曲线。

在这方面，高德地图是创业型企业的良好榜样。

2002 年 8 月，高德软件有限公司（简称"高德"）成立。2003 年 7 月，高德自主研发成功了数据采集工具、编辑处理系统。2004 年 6 月，高德获得了国家测绘局认可的导航电子地图甲级测绘资质，成为全国首家获得该资质的民营企业，开始在上海向社会提供电子导航服务。

2005 年到 2006 年，高德集中资源开辟车载渠道，先是和汽车电子产品生产商阿尔派签订协议，通过这一渠道，向宝马、奔驰、本田等汽车生产厂商提供导航电子地图服务。随后，高德又通过美国德尔福和日本爱信的渠道，为上汽通用、奥迪提供同样的服务。随着影响力扩大，高德又直接同一汽大众合作，成为其供货商。

然而，高德并未局限于存量渠道，其创始团队的增量渠道思维发挥了作用，他们向着互联网位置服务这一重要市场板块发力。高德首先兼并了北京图盟科技有限公司，这家公司是当时互联网行业内的基础地图服务提供商，高德由此打通了进入互联网位置服务市场的渠道。2006 年 9 月，高德又和中国移动达成合作关系，为其系统中的位置服务功能提供地图数据。2008 年 1 月，高德发布了免费手机地图产品，即现在的高德地图 APP（当时名为迷你地图）。2009 年 7 月，又发布苹果版高德导航，从此正式进入了个人移动智能终端设备渠道。

凭借一系列开拓创新行动，高德从初创公司迅速成长为行业领军者。2014 年，高德被阿里巴巴看中，被 11 亿美元收购成为阿里巴巴的全资子公司。回溯高德的成功路径，增量渠道思维功不可没。

从高德的成绩由来可知，企业管理人员既要充分重视渠道管理工作，还要尽量了解和学习关于增量渠道的知识，尽快建立增量渠道思维，这将对营销工作的推动起到引领作用。

2.1.2 有模式，能融合：渠道思维的 3 个核心

成功的营销思维，无不围绕构建融合模式展开，渠道思维也不例外。商业模式是整个企业营销系统的根基，如果不能从此出发形成渠道思维，就无法在增量渠道的变革上有所建树，更谈不上对老旧的营销系统进行变革。

运用增量渠道思维对商业模式加以迅速优化的关键点，在于融合更多资源，其中重点为代理合作方。图 2.1-1 所示为增量渠道思维的3 个核心。

图 2.1-1 增量渠道思维的 3 个核心

1. 商业模式

增量渠道思维应围绕"快"，追求对商业模式的迅速优化。众所周知，企业想要形成稳定、高效、科学的商业模式并不容易，一旦确立商业模式，就不能轻易更改，否则很容易得不偿失。因此，增量渠道思维所追求的不是颠覆企业商业模式，而是利用追求实现增量市场这一目标的契机，比竞争对手更快地发现机会、认识不足，更早地优化商业模式的相关结构、流程和环节，以此更迅速地占有增量市场。

2. 代理合作方

增量渠道思维需要突出"准"的特点，即精准确定企业的代理合作方。

俗话说"换人如换刀"，企业的营销渠道管理也是如此。很多企业管理者都有类似的经验：明明是相同地区的同类型营销渠道，但换了代理合作方，营销业绩就会变得不同。

存量渠道如此，增量渠道也是如此。选对了代理合作方，企业的增量渠道管理就能势如破竹；选错了代理合作方，企业的营销思维再先进也会无从发力。

增量渠道思维，主要用于追求新的渠道、开发新的市场、赢得新的消费者，这势必对企业的代理合作队伍管理方式提出新的要求。企业如何跳出原有筛选标准、代理合作方的现有表现，找到适合新渠道的代理合作方？答案是通过精准而恰当的定位。

（1）企业管理者要准确选择增量渠道。企业既要考虑产品特点、竞争优势，还要考虑增量渠道需符合企业的整体商业模式、战略规划、品牌风格等。企业应先确定不同地区、行业采用的代理方式，如某些采用代理合作方式、某些采用直接联系下级分销商方式等；随后确定不同地区、行业的定位方式，是"价格吸引"还是"技术支持"等。

（2）企业管理者要向增量渠道成员传递对定位的认知。企业不仅要对增量渠道有准确定位，还要将这种定位认知传递给渠道内的众多合作成员。形成共识，将所有力量汇聚起来，实事求是地达成增量渠道的目的，否则代理合作方的认知，很容易同企业的定位背离。

增量渠道思维不仅关系到企业商业模式的优化变革是否足够"快"，还体现在对代理合作方的精准甄别选择上。企业充分理解和熟悉增量渠道思维，将更好地规划自身和渠道，并有助于观察和判断代理合作方的人选是否合格。

3. 融合资源

增量渠道思维还应体现融合资源的重要性，即"狠"。

确定了合作方，并不意味万事大吉。在增量渠道中，不仅有作为源头的企业，还有各个层级大大小小的合作方，包括分销商、批发商、零售商等。企业需要尽可能地将其资源融合到渠道中为己所用，而不能放任自流，这可能导致市场开拓机会的浪费。

"狠"并非其字面意义，不是指企业压榨合作方。企业在增量渠道思维中的"狠"，体现为对代理合作方带来的各类资源的充分珍惜和运用。企业应对增量资源的价值给予充分尊重并进行评价，并将之全部投入增量渠道的开拓中，既不能瞻前顾后，也不能过于吝啬成本投入，否则会导致资源浪费和流失。

企业必须充分运用增量渠道思维去吸引和团结合作方，使他们也能懂得开拓增量渠道的重要性，用同样的"狠"，向增量渠道中积极充分投入资源，帮助企业比竞争对手更快占领增量市场。

2.1.3　全渠道，避冲突：如何拥有渠道思维

增量渠道的价值，不仅在于其能带来新市场、新客户，还在于有可能解决存量渠道的现有问题。

很多企业家发现：旧渠道中司空见惯的老问题，长年累月也无法完全解决，诸如"窜货""分销商不服从管理"等内部冲突，让企业头痛不已。然而。在成功开拓增量渠道后，那些冲突就不复存在了。即便冲突还存在，也不会影响到企业的正常营销过程。

这说明，增量渠道对企业而言的更大价值，在于推进全渠道营销，解决和避免冲突。

全渠道营销，最初于2012年伴随电商等平台的兴起而出现。全渠道营销并非指同一家企业、同一个产品向所有渠道投放，而是指企业通过线上、线下等多个渠道，向最终消费者提供产品或服务。

需要注意的是，全渠道并非单纯的"多渠道"，而将全渠道等同于多渠道恰恰是增量渠道思维中常见的问题。

很多企业家在进行增量渠道建设时，认为自己正昂首阔步走向全渠道时代。曾经有企业家略带得意地对我说："老师，你看我既有线下门店、代理商，又在超市有专柜，在线上有旗舰店，现在还有了自己的特殊代理渠道，面向××行业进军。这也算全渠道布局了吧。"但实际上，他们并未形成真正的全渠道思维。

企业家追求全渠道布局没有错，但他们对全渠道的理解还停留在以往。实际上，无论今天企业生产经营何种产品，线上、线下的主流渠道都不在少数，如果再加上各类特殊渠道、辅助渠道、延伸渠道，渠道整体数量有十余个，由此造成了渠道之间的冲突。企业家的思维如果不能帮助他们提前避免冲突，就不能算是全渠道思维。

例如，企业真的有足够资源去推动所有渠道的营销吗？答案是否定的。事实上，即便做普通促销活动，成本预算只有那么多，投入了渠道A就必然减少渠道B的投入，而渠道C、渠道D很可能根本参与不了促销活动。即便是大型企业，也很难承担所谓真正全渠道营销的成本，资金冲突在所难免。

除了成本带来的冲突外，渠道定位和产品、品牌的定位冲突也时常发生。试想，在传统线下渠道中，企业肯定不可能将轻奢女装、女包放到平价超市的女装货架销售，而会放在高档商场、精品店等。但在线上渠道中，企业将同类产品投放到电商平台，应如何保证轻奢产品和品牌形象不会被平价化？企业是否有保证不被平价化的资源、能力和优势谈判地位？

　　综上，全渠道不是多渠道，更不是所有渠道。全渠道思维是在开拓增量渠道的基础上，尽量融合资源、避免冲突。换言之，全渠道在增量渠道的运行基础上，对存量和增量市场进行统筹优化，企业想要拥有成熟的全渠道思维，必须注意保持思维的如下运行原则。

　　图 2.1-2 所示为全渠道思维的运行原则。

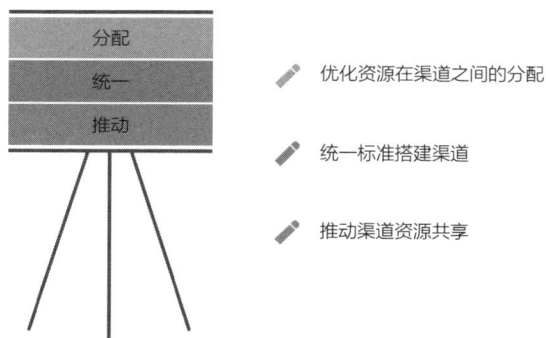

図 2.1-2　全渠道思维的运行原则

全渠道思维的主要运行原则如下。

1. 优化资源在渠道间的分配

　　全渠道思维打破了传统分销的层级思维，转而强调资源的匹配，即将终端消费者和产品的流通渠道进行匹配。例如，对不同渠道的价格进行比较以判断是否合理，对不同渠道的终端消费者数据进行采集以明确渠道效率等。这样，企业才能找准资源在不同渠道之间分配的路径。

2. 统一标准搭建渠道

　　与存量渠道相比，增量渠道的搭建标准应更为统一。曾几何时，渠道的搭建水准和运行质量更多取决于渠道管理者个人的业务能力、信息获取量。但在全渠道思维指导下，企业应通过渠道和消费者多接触，增量渠道的搭建应以消费者的真实需求为核心去进行整体设计，从而保证信息化的全面开展。

3. 推动渠道资源共享

寻求增量渠道，不是为了在存量渠道之外再制造新的渠道冲突。恰恰相反，增量渠道思维要做的是打破渠道间的壁垒，引导产品流、价值流、现金流能跨渠道对接共享，使终端消费者可以通过更多渠道购买到统一价格、服务的全品类产品。

2.2　改变传统渠道，重视特殊渠道

新事物的产生，并非为了完全颠覆旧事物，而是为了对旧事物做一定补充。特殊渠道也并非为了替代传统渠道，而是要在其外开辟新市场，获取新增量。

2.2.1　特殊渠道到底有多大

特殊渠道到底有多大？

很多人认为，凡是大品牌厂家不去特别经营的渠道，都属于特殊渠道。甚至还有人认为凡是通过不正当方式实现的合作就是特殊渠道。

其实，这样的理解是非常错误的。实际工作中，特殊渠道的范畴有严格的边界。企业只有真正理解了特殊渠道，才能做好特殊渠道。

就像打仗一样，你要知道进攻哪里、防御哪里，前线在哪里，有多大的施展空间，才能取胜。

我们先看特殊渠道范畴内的四个定理。

1. 空间定理

如果按人口的活动轨迹划分空间，我们可以将空间分为生活空间、工作空间和休闲空间。图 2.2-1 所示为空间分类。

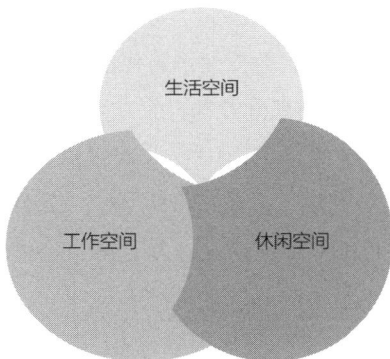

图 2.2-1　空间分类

生活空间最为常见，普通人居家、上街购物等的活动范围，都属于生活空间。工作空间主要指企业厂区、写字楼办公室等集体工作的地点。休闲空间指提供聚餐、喝茶、喝咖啡、唱歌、看电影、度假等休闲娱乐服务的公共场所。

在上述三个空间中，工作空间和休闲空间属于特殊渠道的范畴，其覆盖面占到一个人活动范围的三分之二。换言之，特殊渠道覆盖了普通消费者 60% 以上的活动场景。

2. 边界定理

按行业习惯的划分方法，所有销售渠道可分为现代渠道（大卖场/大型超市）、传统渠道（夫妻百货店）、便利店渠道、校园渠道、名烟名酒渠道、特殊渠道等。从渠道定义角度观察，无论是现代渠道、传统渠道、名烟名酒渠道这些传统企业的核心渠道，还是便利店渠道、校园渠道这些潜力渠道都已比较成熟。在这些渠道边界之外，能给厂商带来销售机会和提升品牌形象的销售渠道都属于特殊渠道。

企业清楚了特殊渠道和传统渠道的边界，就能更容易理解特殊渠道了。

3. 指数定理

我这里说的指数定理，特指通过量化的方式去细化衡量特殊渠道的方式。按照指数定理的划分方法，企业可以从社会经济的 14 个重点行业中分出 10 个一级渠道，10 个一级渠道又可再分为 18 个二级渠道。为了便于业务开展，企业还可将 18 个二级渠道再次细分为 60 个三级渠道，这 60 个三级渠道又涉及 296 万个销售网点。图 2.2-2 所示为特殊渠道的指数级细分示意。

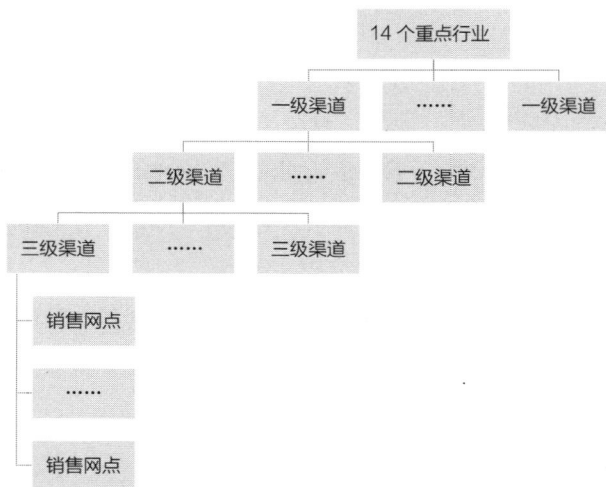

图 2.2-2　特殊渠道的指数级细分示意

这些销售网点将占到整个市场销售渠道的半壁江山，甚至远超现代渠道、传统渠道、便利店渠道、名烟名酒渠道等渠道的网点数的总和了。

其中，10 个一级特殊渠道分别是酒店渠道、餐饮渠道、军政渠道、交通运输渠道（简称交运渠道）、企业渠道、医疗渠道、银企渠道、通信渠道、烘焙渠道、休闲娱乐渠道。每个渠道都有各自的特点，或者说每个渠道都代表一个行业。

4. 零公里定理

根据上述定理，大概可以这样理解特殊渠道的定义，即在工作和休闲空间里、在其他渠道外、在 14 个行业中、在 296 万个销售网点内的消费渠道。专业的营销人员可能会提出这样的问题："交运渠道中火车站内的便利店算是特殊渠道吗？"要解答这个问题，就需要了解特殊渠道范畴的第四个定理——零公里定理。

我这里提出零公里定理，主要是方便一线的业务和经销商准确开展业务，方便销售人员在指数定理的基础上进一步对具体业务进行指导。例如，餐饮渠道的品牌餐饮属于特殊渠道，大众餐饮属于传统渠道，烘焙渠道的原料集采业务属于特殊渠道，成品门店陈列搭配蛋糕销售业务属于传统渠道；火车站和汽车站安检外的售点属于传统渠道，安检内的售点属于特殊渠道等。

之所以如此划分，主要是因为特殊渠道的业务员和客户的数量。当然，每个企业的情况不一样，在具体城市，某些特殊渠道客户本身实力比较强，配置的团队比较多，有能力服务这么多网点，把这些渠道全部归属特殊渠道也很正常。在本书后面涉及具体渠道分析的内容中，将会逐一说明相关内容。普遍来看，销售员只有做到"有问题到市场找答案，没问题去市场找问题"，做到贴近市场，具体问题具体对待（这是零公里定理的核心要义），才能做到精准营销。

由特殊渠道范畴四大定理可知，特殊渠道（简称特通）涉及范围有多大。特殊渠道涵盖了社会各种行业和经济形态。从行业宽度来讲，特殊渠道涉及交通运输、金融系统、酒店餐饮、党政机关、夜店休闲等行业。夸张一点说，除了农村留守人员以外的消费群体，都与特殊渠道有关。如果从年龄维度区分，除新生婴儿外，人类生命存续期间的一切社会活动都与特殊渠道有关。

然而，渠道涉及的范围大就必然能出业绩吗？答案是否定的。虽然长期来看，"渠道大"是优势，是潜力和增长点，但从短期来看，"渠道大"反而是很多企业市场份额一直小的根本原因。很多企业用做传统渠道的方式去做特殊渠道。

特殊渠道"大、宽、广"的特点，决定了齐头并进的渠道开发策略是行不通的。很多企业的历史发展速度与数据也证明了这一点。如果企业不满足于现状，想要步子迈得快一些，成果做得大一点，业绩上出现质的飞跃，就必须突出重点、高度聚焦、把握节奏、分清主次，在最短时间内做出精准取舍，厘清孰轻孰重。

经营特殊渠道，必须在上述四大定理基础上做好取舍。企业应根据资源禀赋，集中精力做好少数渠道，将资源高度统一与聚焦，打造看得见的榜样，唤起团队的积极性，引发更多人参与的兴趣、合作的欲望。

2.2.2　特殊渠道"特"在哪里

了解对特殊渠道的划分后，应如何理解特殊渠道的"特"呢？它和其他渠道有什么不同？

图 2.2-3 所示为特殊渠道的"五特一质"。

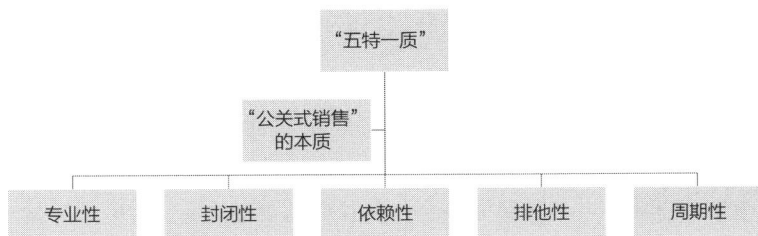

图 2.2-3 特殊渠道的"五特一质"

在展开讲述"五特一质"之前，不妨思考如下问题。

①你在大学读什么专业，符合特殊渠道的哪些渠道？

②你这几年在哪些行业有知识和资源积累？如果将你的知识结构与特殊渠道进行一一对应的话，哪些对得上？哪些对不上？

③这几年社会资源沉淀如何，你认识谁？谁认识你？

回答这些问题，再联想到"每个特殊渠道都至少代表一个行业"，你很可能会忽然发现，特殊渠道的领域已经超出了之前营销管理知识边界。一直以来，我们更多地集中在其中的一两个行业，我们对大多数行业的了解都停留在书面、新闻或他人口中。

从以下角度可以更清楚地了解特殊渠道的与众不同。

1. 专业性

特殊渠道的专业性对销售人员素质提出了更高要求，这是其代表的行业属性决定的，特殊渠道并非普通的销售人员就能轻松构建的，其构建过程也不可能像传统渠道的构建过程。

特殊渠道的构建和管理，离不开称得上"业内人士"的销售人才。实践工作中，很多大品牌商虽然成立了特殊渠道部门，但大部分人员是"其他部门用得不顺手的人""企业组织调整暂无其他职位安排的人"等，类似现象屡见不鲜，严重降低了特殊渠道营销队伍的专业性。

在一些大企业中，传统业务相对比较成熟，面对特殊渠道，虽然企业管理者从战略层面比较重视，但因为种种因素，人员和其他资源配置不足，实际业绩体量比较小，尤其和企业整体业绩对比后，发现占比更小，于是企业会对特殊渠道的价值产生怀疑。实际上，这是企业管理者专业性程度不够导致的。管理者没有从中长期战略角度考虑，而是从短期的视角来看待特殊渠道。当然，也有很多品牌的特殊渠道从业者是很专业的，他们的市场开拓能力很强。

一些中小品牌商并不重视专业性。企业领导者看到某个人性格比较外向，脑子比较灵活，朋友多，往往会简单地认为他能把特殊渠道做好。实际上，这种管理习惯带有强烈的理解偏差。企业管理者必须明白，特殊渠道的特性对销售从业人员的专业性提出了相当高的要求，非业内人士很难胜任，更别谈出业绩。

2. 封闭性与依赖性

现代渠道的运营规范体系，更注重"招商流程性合同"，即定好品牌入场资质要求（一般纳税人、注册资本等）和贸易条款费用要求（进店费、条码费、堆头费、店庆费等），大部分符合要求和能接受条件的品牌商或代理商都能入场经营，而且可以实行同一品类多品牌经营。

但特殊渠道大多采用招标性采购方式。除了公告、发邀请函的必要过程外，还包括投标、开标、唱标等过程，最后经过评委集体打分，才能产生头标、二标或中标、预中标、落标等结果。

我们不难发现，"封闭性"影响特殊渠道业务性质和走向。面对海量的企业，如果对方不给你的企业发竞标邀请函，你又如何能获得契合的招标信息而确保不错过参与机会呢？获取商业信息本不容易，而特殊渠道的信息更是不易获得，这就更需要扩大你的朋友圈，才能获取更多有价值的信息。即使如此，面对全国大量的企业，如果都采用"靠人找资源"这种方式，只会累垮企业。企业管理者必须想办法尽可能将这种方式转化为"资源找你"的方式。

想让掌握渠道资源的人来找你，就需要价值驱动。因为任何人调动资源的能力都不会免费提供给他人，管理者需要根据企业实际情况做合理布局。

"找资源，宽政策"是特殊渠道业务开展的底层思维。没有资源，没有对行业的了解，合作成本就会居高不下。许多企业的历史数据都证明了这一点。

由于特殊渠道的封闭性，营销者对信息和资源产生了高度依赖性，这也形成特殊渠道的另一大特点即依赖性。

3. 排他性

在现代渠道，可以接受同品类多个品牌的同时入场经营。以饮料品类为例，怡宝、农夫山泉、康师傅、娃哈哈等同类品牌可以同场经营。然而，特殊渠道大不相同，原则上通过竞标的形式只能选择一家，尽管近年来各企业单位出于预防具体负责人权力寻租的风险，要求中标两家而不能独家。但实际操作中，大多数企业由于降低成本、协调资源等，还是主要采购一家的产品或服务，另一家在不可抗拒因素出现时或需求激增时作为替补之用。这种高度集中竞争的局面，体现出特殊渠道的排他性。

4. 周期性

特殊渠道的竞争异常激烈，企业一旦竞标落败，就只能等待下一次机会，而等到下一个机会需要一年甚至更长的时间，即等到甲方再次招标的时间点。这体现出特殊渠道的第四个特性，即周期性。

为此，企业需要具备战略眼光的品牌商和特殊渠道从业人员，进行持续的订单跟进，总结失败原因，为下次竞标做充分的准备。但实际工作中，很多企业缺失这个环节。实际上一些企业并未意识到，如果能在竞标中取胜，就意味着竞争对手最少浪费一年的时间，本企业赢得了一年优化产品和服务的时间。

从特殊渠道的专业性、封闭性、依赖性、排他性、周期性特点中，我们不难看出，特殊渠道是看不见硝烟的市场，竞争激烈，高度依赖人才，也就不难得出特殊渠道是"公关式销售"的本质。公关式销售，通俗点讲就是凭借专业素养与有效行为，准确理解和把握甲方需求，最终促成合作，达到双赢的效果。

2.2.3　业绩指标跑不赢预期的根源是什么

企业片面依赖过去的成功经验，会导致现在的业绩不达预期。代理方式与计量方式不够科学，也是业绩不达预期的重要原因。想要成功经营特殊渠道，企业就应从代理方式和计量方式着手，实现"两式匹配论"。

图 2.2-4 所示为特殊渠道的两式匹配论。

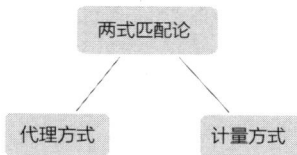

图 2.2-4　特殊渠道的两式匹配论

两式匹配论的具体内容如下。

1. 代理方式

当下市场中，企业在业务拓展、销售网络搭建等方面，除直营渠道外，绝大多数的渠道运营都以区域代理的方式为主。其中，小一点的品牌以省级代理居多，其原因是发展前期品牌知名度较弱、业务拓展比较难、市场尚未达到饱和。较大的品牌以市级代理为主，也有特别成熟的品牌进行渠道下沉，且已细化到县级代理，以百强县为重点。

经销网络格局，是由企业的增长速度需求决定的。当存量客户满足不了整体增长需求或经营理念、资金匹配无法达到品牌商的要求，抑或该地区的竞争格局不理想，销量较差、遭遇竞品时，厂家通常会选择市场细分的代理方式。但严格而言，无论省级、市级、县级如何细分，"区域代理"都不太适合做特殊渠道。正如很多传统制造企业是工业化时代的产物一样，区域代理本身也是历史特定时期的产物，应当对其优化革新。

企业单凭自身资源配备团队，很难找到可以直接与重要客户对话的专业团队。即便找到这样的专业团队，在支付专业团队高薪的同时保证自身产品毛利，是非常艰难的。因此，多年来，商业谈判中，往往只有领导级别的人员出面才能促成业务合作。在很多企业总部，尽管团队配置齐全，但大部分人难以独当一面，高层才能谈成合作。尤其是特殊渠道行业客户群体讲究信用背书，他们在企业中处于决策层位置，需要确保决策在政治上的正确、风险上的可控、利益上的普惠，以及舆论上的亲民。想要做出如此全面的决策，唯有在充分了解和有信用担保的背景下才能完成，无形中也提高了对营销方式的要求。

理论而言，同一城市 10 种特殊渠道中的每个渠道（原则上不能超过 3 个渠道）都需要对应各自的专业一级代理，才能保证业务拓展的稳定性与持续性，同时做到与代理专业高度匹配，更好地服务高价值的精准客户。一级代理模式能有效避免区域代理不聚焦、不专业、精力分散的弊端。因此，企业选择区域代理与一级代理相结合的方式，更能提高效率，产出业绩。

经销网络是销售的基础设施，代理是这张网的核心要件。在选择特殊渠道的代理方式时，企业必须充分意识到这一点。

2. 计量方式

销量是销售人员安身立命的根本，关系到团队的激情与状态，以及企业对市场的准确把握与决策。

大中型企业中，组织体系庞大，网络错综复杂，产品品类繁多。在这种背景下，特殊渠道很难实现独立、准确计入销量。由于在全国区域代理的模式下，厂家只知以客户为单位的进货总量，对不同渠道的销量没有进行精细跟踪。向总部进行销量汇报时，只上报总数或预估结果。这种计量方式会导致决策无依据、预算不准确、竞争格局不清晰，同时打击优秀营销团队的积极性。

解决计量问题，应采用如下方法：建立专属客户档案，对特殊渠道代理独立开户；区分进货途径，做渠道区隔；经营定制化产品，做产品区隔。

（1）渠道区隔是指一级专属代理的销售数据单独计量，实现"一渠道一客户"的销售网络布局。采用这种方式不仅能区分特殊渠道与传统渠道的销量，对不同的特殊渠道也可以进行区分。

（2）产品区隔，即"一渠道一产品"（产品不单指某一类产品），限定某款产品仅该特定渠道有权售卖，实现产品与渠道兼容。

有些企业认为，保持销售总量真实即可，无须特意进行区分。但这种方式不利于激励营销团队，平庸的团队会浑水摸鱼，会导致企业失去对市场的敏感度。企业反应迟钝，错失机会，丢失市场份额，销量锐减，利润缩水就在所难免。

企业做到两式匹配，就可以提高业务拓展效率，保持团队原动力与对市场的敏锐度，从战略角度加快发展，让业绩跑赢领导期望。

2.2.4   特殊渠道的第一要务是什么

渠道管理实践中，我们经常会听说特殊渠道的潜力。那么，这种潜力究竟来自哪里呢？

来自未来的销量吗？即便在富士康这样的大企业，员工每人每月固定消费某种商品，其销量恐怕也远不及在永辉超市同时上架 50 种产品的复合销量。

来自未来的增长量吗？很多企业一年内新品上新率、年度销售环比增长百分比，都会在两位数左右。只有当社会新店和新增网点的涨幅同样亮眼时，才能共同构成迅猛增长的驱动力。

显然，特殊渠道的潜力并不来自这两大方面。

如此，特殊渠道的潜力究竟是什么？特殊渠道存在的意义又在哪儿？回答了上述问题，才能明确特殊渠道的第一要务。

1. 特殊渠道的分类

先了解特殊渠道的分类。按照特殊渠道所属行业的需求相似度，特殊渠道大致分为五大类。

图 2.2-5 所示为特殊渠道的分类。

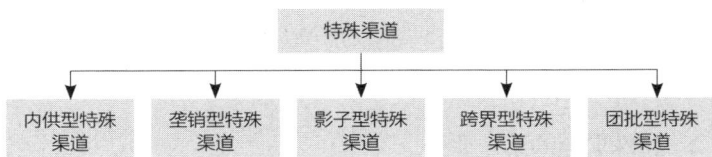

图 2.2-5   特殊渠道的分类

以下逐项讲解特殊渠道的分类。

（1）内化型特殊渠道。该渠道销售主体基本针对本单位的固有群体，通过内部超市、内部食堂、会议、接待、宴会、聚餐使用等形式供给。该渠道既有免费提供，也有市场化标价供应，无论是单位采买还是有价销售，都能提供便利。但是由于受场所的限制，内化型特殊渠道不具备较强的可选择条件，因此其消费群体的消费实则属于被动型消费。再加上支付方式的特殊性，其消费群体对商品品牌、产品日期等方面的敏感度远低于其他渠道的消费群体。

（2）垄销型特殊渠道。该渠道主要指交运渠道的火车站、汽车站、飞机场的站内售点，加油站的自有超市；医疗渠道的院内售点；酒店渠道的大堂及内部超市；休闲娱乐的影院、网吧、夜店等。该渠道有一个特点，即空间垄断优势：消费者在一定范围内的流动受交通成本和时间成本所限，从而产生消费需求。

（3）影子型特殊渠道。该渠道主要指餐饮烘焙渠道，其本身具备网点众多、对外营业的特点。以自身产品为主，将其他品牌的产品作为原材料再加工或以辅助搭配性的形式在橱柜展出销售。

（4）跨界型特殊渠道。该渠道主要指银企渠道和通信渠道，这种渠道方式在信用卡、电话卡推广方面累积了众多经典案例，值得我们学习。这种渠道方式的好处是，它在为相关品牌提供助力的同时，自身也收获颇丰，达到共赢效果。

（5）团批型特殊渠道。该渠道多为阶段性或一次性规模消费，例如婚宴、法定假日福利团购等活动。以团购模式下低价交易的优势面向市场。

2. 特殊渠道的第一要务

理解特殊渠道的第一要务，就能更充分地认识到特殊渠道的潜力。

（1）内化型特殊渠道的消费人群固定、消费物流半径固定、消费场景固定。这种渠道的特性极易在局部促成一种消费潮流，如重要人物的消费（领导、职场榜样）能起明显的引领作用，从而逐步演化为一个典型的社群经济。而社群的核心是用户黏性、关注力和产品口碑。因此，内供型特殊渠道的潜力是粉丝经济的运营与崛起，第一要务则是"圈粉"。

（2）垄销型特殊渠道具有垄断性空间，零售价高于其他渠道成为常态，固执追求高回报、高利率、无视复购及用户黏性等特点。面对利益为大的采购方，如果厂家要求价差最大化，便会与采购方产生矛盾；如果要求销量最大化，在垄断型销售思维下，顾客的需求多被误认为都是刚需，但实际消费数量并不多。垄销型特殊渠道的潜力是品牌渗透，相对应的第一要务则是增加产品陈列曝光度，通过实物宣传，实现消费者与产品的零距离接触，从而获得收益。为此，厂家可战略性让步，满足采购方的利润追求，从中获得自身效益。

不同渠道类型的潜力是不同的，不同发展阶段的第一要务也不同。在现实工作中，不同的企业选择特殊渠道突破口的方法也各有不同，无论什么样的类型方法，紧跟第一要务，从中心出发稳抓重点，再艰难的局面也有破解之法。

2.2.5　为什么多年苦心经营却难上台阶

在行业中普遍存在下列现象，尤其在大品牌、大企业的渠道管理实践中：特殊渠道的重要性已上升到集团战略层面，甚至以独立部门或子公司的形式出现，其专属团队成员人数庞大，代理商数量也在逐年增多，但每年新项目的开展和新业务的拓展却收效甚微，唯一变化显著的是销量，而销量提升明显更多是因为起点基数低，或者某个产品低价销售、大水漫灌，专属产品并未真正进入特殊渠道。

这种现象产生的根本原因在于特殊渠道部门的定位和经营管理的体制。每个企业都有自己的渠道定位体系，对于特殊渠道的定位，行业内众说纷纭。有人认为特殊渠道是其他渠道的补充，有人说这是陈旧商品处理的"集中营"，也有人认为其是销售提升的潜在市场。上述说法并没有对错，但都未能揭露问题的本质。

特殊渠道的定位，并非取决于企业管理者的主观意愿。观察特殊渠道能给予企业的价值，是特殊渠道定位的出发点。

图 2.2-6 所示为特殊渠道的定位价值。

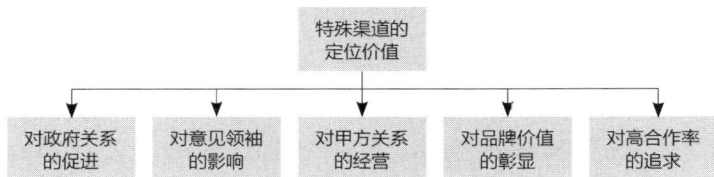

图 2.2-6　特殊渠道的定位价值

值得特别说明的是，特殊渠道的定位价值体系中并没有销量。诚然，销量对营销很重要，但是换个角度看问题，假若星巴克、麦当劳是企业的合作伙伴，是整个亚洲门店全线合作重要，还是销售的具体数量重要？再假如，是从北京始发的 100 辆动车上都有企业的产品重要，还是销售的具体数量更重要？毫无疑问，在特殊渠道里前者更重要。

特殊渠道的定位是由特殊渠道的本质特点决定的，企业管理者只能遵循而不能违反这种规律。

企业管理者面对极具潜力的事物，眼光要放长远，既需要具备战略眼光，又需要具有战略耐心，就像今年种树，十年后才能收获森林，即使不等十年，至少也要遵循春种秋收的自然规律，这才是正确的战略决策。

了解特殊的渠道定位价值后，再分析目前企业管理中存在的体制问题。

渠道定位价值中"对政府关系的促进，对意见领袖的影响，对甲方关系的经营"，其实质都在于人际交往关系的处理，这源自特殊渠道对社会关系的依赖性特点。然而，一般企业容易犯随意、不系统、不专业的错误。这些错误的产生，究其根本在于运营体制的问题。图2.2-7 所示为企业人际交往的不足表现。

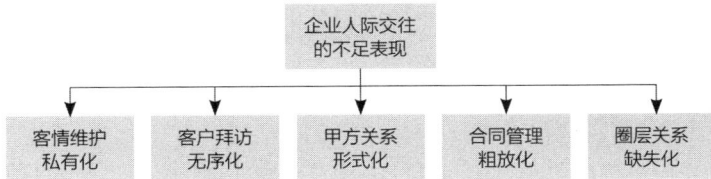

图 2.2-7　企业人际交往的不足表现

1. 客情维护私有化

一些企业的渠道管理业务普遍高度依赖业务员。这些企业的领导层只想听到业绩增长情况，至于业务员拜访了谁、跟单的进展、客户端影响合作的关键因素等，领导层均一无所知或仅了解皮毛，所有信息由业务员一手掌握。长此以往，业务员一旦离职，就会造成客户追踪中断，或者新衔接人员需要重新与客户建立关系等问题。即便业务员不离职，企业也很难评估业务员的工作进度与敬业程度。

让客情私有化变为客情为企业所有，企业需要从渠道管理体制上做根本改变。

2. 客户拜访无序化

"用人朝前，不用人朝后"，是人际交往的大忌，也是特殊渠道业务人员的大忌。一些业务人员拜访客户随意性强、目的性强，缺乏规律，造成无序化。正确做法是业务员先建立目标客户档案、模板，首次拜访客户时将客户的名片扫描存档，并做好每次拜访客户的详细记录，以备上级随时审查，确保领导根据拜访记录获取信息、调整策略及制定跟进方案。

3. 与甲方的合作关系形式化

部分业务人员认为拿到订单便万事大吉，导致形式化风气泛滥。殊不知，拿下订单只是确定与甲方合作关系的第一步，一旦简化或遗漏签署订单后的事情，就有丢失订单的风险。

企业管理者必须从体制上明确服务甲方的策略和方法，让业务人员懂得如何服务重要目标客户。

4. 合同管理粗放化

合同的内容包罗万象，详细描述了双方的合作关系、行为准则、应尽义务、享有权利等。企业需根据合同中有关双方义务的约定，正确处理合作过程中的分歧，同时还需留意续约时间，为续约做好准备。这些问题的解决，同样需要企业的运营体制支撑。

5. 圈层关系缺失化

企业特殊渠道的业务人员上岗既面临"先入行，再入圈"的问题，也面临"对品牌价值的彰显，对高合作率的追求"的要求，这些都应在企业体制保障下进行。没有适宜企业特殊渠道成长的体制保障，就无法提升业务人员的销售动力。特殊渠道的操作实质就是品牌营销，如此才能成就企业的高合作率，实现合作的关键在于企业的体制。

通过以上分析不难看出，企业特殊渠道定位中存在的几大问题，是企业多年苦心经营却始终提升不了业绩的主要原因。这些问题的解决离不开企业体制的支撑和合适路径的支持。企业管理者需要结合具体问题，对标本企业实际体制，认真思考并寻找解决方案。

2.2.6　为什么战略正确，却输在"最后一公里"

渠道管理工作中的阻力主要包括两方面，即内部阻力与外部渠道缺陷。

应对内部阻力的方法，可以提炼成几个关键词，即"重开发、真计量、有记录"。看似简单的九个字，在特殊渠道的发展进程中发挥着重要的作用。不过，在实际应用中同样也会遭遇不小的阻力。

1. 遭遇的阻力

面对特殊渠道的阻力，主要应利用如下方法予以克服。

（1）重开发。团队中的每个成员都要走出舒适圈，从之前管理者、追踪者的身份向订单的直接提供者转变。必须改变业绩计算规则，将团队成员亲自开发并促成有效合作的订单算为业绩，即将原来以销量为主的衡量标准，转化为以开发新客户为主的指标，一切拿合同说话。

（2）真计量。改变由内部报表统计销量的模式，改为由系统（内部供应链系统或甲方系统）导出销量，结算个人业绩。杜绝报表销量，销量数据必须真实。

（3）有记录。除了针对有效客户的规律拜访外，对于停留在跟进过程，尚未被开发的客户，也必须匹配详细的拜访记录，重点聚焦于业务的持续跟进与客情沉淀。

类似的调整过程，将打破团队以往舒适的工作模式。当然，团队成员或多或少会产生心理上的不适。只要采取合适的安抚和激励措施都能妥善解决。

2. 外部渠道缺陷

渠道改革的推进者在了解内部阻力后，还要持续关注来自外部的缺陷。特殊渠道作为 B2B 业务的一种，也有天然问题，具体表现如下。

（1）缺乏市场保护机制，容易被取代。B2B 业务的目标对象主要是企业，在买方主导的市场机制下，供货的一方很容易被质量更优、报价更低的竞争对手所取代。

（2）非标准化业务，隐性成本较高。B2B 业务都是非标准化的，一旦甲方提出特殊要求，乙方就要立即推出相应的定制方案。围绕定制方案，将会产生设计、反复沟通确认、生产等一系列的后续问题，加之无法批量生产，成本自然升高。

（3）抗市场变化能力弱，资金风险高。在 B2B 的模式下，甲乙双方高度捆绑。一旦遭遇经济下行等外部冲击，供货方资金链很容易因为账期问题而断裂。

（4）沟通成本较高，跟单时间长。一般项目的确定要历经多个环节，从双方的首次接触到最终签约，全套流程下来少则一个季度，多则一年。

只有管理者充分认识到内部阻力和外部渠道缺陷，并将理论结合实践，让战略服务于战术，才能赢在市场竞争中的"最后一公里"。

当然，尽管管理者意识到学习特殊渠道的重要性，但掌握了相关知识，就一定能做好渠道管理吗？答案是否定的。

这是因为渠道管理的学习过程并非一蹴而就，而是要经历学习、吸收、应用三个阶段。学以致用更是一个系统的过程，需要留出时间来不断消化并实践，才会增加体验感。

此外，很多人没有建立起针对特殊渠道的思维框架，对新学知识存在部分理解、部分不理解的情况。实际工作中，当学到的知识与市场新的变化不一致时，人就很容易感到无所适从。

任何事物都具有两面性。实际工作中，事物发展方向往往并不以人的意志为转移。管理者必须意识到特殊渠道和自身的天然缺陷，转而塑造问题思维，力求避开陷阱。

第 3 章
如何做好特殊渠道管理与运营

　　特殊渠道，是企业营销增量渠道的主要类型，即批发、商超等传统渠道之外的营销通路。随着新兴消费群体规模化，加之传统渠道成本不断增加，企业必须做好特殊渠道的管理与运营，以此谋求增量市场。

3.1 特殊渠道管理与运营的思路与策略

特殊渠道，实则早已不特殊。客户消费的需求变得越来越全面，各种新的消费场景不断出现，促使不同产业之间渗透融合。企业必须有意识地强化特殊渠道管理与运营的思路，找准正确策略，抓住市场提供的机会。

3.1.1 特殊渠道管理与运营的核心思路

企业想要做好特殊渠道的管理和运营，必须真正了解该类渠道在结构和功能上的分类特性，并进行准确定位以形成指导思路。

特殊渠道具有多种分类方式。图 3.1-1 所示为特殊渠道的核心分类。

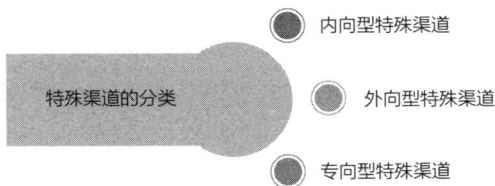

图 3.1-1 特殊渠道的核心分类

特殊渠道的核心分类，主要根据其渠道性质特点进行划分。

（1）内向型特殊渠道，主要针对渠道内部的固有客户群体。由于受到客观消费场景限制，该渠道的客户对产品品质、价格等敏感度较低，更多关注实用功能。该渠道的客户有厂矿企业、政府机关、军队、医院、学校等。

（2）外向型特殊渠道，主要针对渠道对外输送范围内的客户群体，包括机场、火车站、汽车站、加油站、酒店、景点等。该渠道具有空间上的垄断性，客户因自身选择而产生特定消费需求。该渠道通常由管理方统一采购，零售价格也相对更高。

（3）专业型特殊渠道，主要针对渠道专业消费领域的客户群体，诸如咖啡、烘焙、KTV、酒吧、餐饮、电影院、培训机构等。该类渠道的需求多为阶段性、一次性、重复性消费，其客户群体多数比较固定。

企业应准确划分和定位三类特殊渠道，区分不同操作模式，对应自身产品加以选择，形成精准的渠道管理和运营思路。

3.1.2　特殊渠道管理与运营的 6 个策略

在特殊渠道管理与运营中，企业应根据自身实际情况和发展需要，设定和执行不同策略。

1. 选择策略

对企业而言，在不同的发展阶段或销售不同的产品，应选择不同的特殊渠道，由此形成特殊渠道的策略。

（1）阶段主导策略。企业处于成长期，应尽量考虑选择外向型特殊渠道，以尽快打出市场，在局部空间形成优势；随后再利用外向型特殊渠道的特点，逐步实现推广效应。企业进入成熟期后，就应适当采用内向型特殊渠道，作为营销策略的必要补充。

（2）产品和价格主导策略。企业的产品特性应和渠道特点相符，尤其要避免价格矛盾。例如，特殊渠道价格和原有渠道价格产生矛盾，也不能盲目抬高价格。事实上，企业要在尽量同等供货价基础上，向特殊渠道代理商提供一定的促销优惠，才能尽快稳定该渠道。

（3）客户主导策略。企业应避免陈旧落后的渠道理念，不能片面压制渠道代理商利益。企业在选择策略时应尽量以建立感情、深度沟通为基本原则，避免破坏良好的合作气氛。

2. 运营策略

企业在运营过程中，也应针对特殊渠道的共性特点，选择对应的运营策略。

（1）专业策略。部分特殊渠道代理商并非专业经营者，甚至不是商业人士，他们往往对市场、产品甚至顾客消费需求了解不深。因此，企业必须采用专业策略来管理渠道。首先是安排专业经理或总监担任渠道主管，其次是重视制度审批执行的速度和时效，最后是当合作开始后成立专业部门以对接系统运作。

（2）管控策略。由于特殊渠道的价值高，越来越多的特殊渠道代理商开始以自己的"特殊"向企业要价，总是想要得到更多的资源支持、更大的优惠待遇。因此，企业在初期运营渠道时必须避免给出过于宽松的政策，否则会导致渠道代理商的要求越来越高，渠道价值降低。同时，在促销活动、赠品上给予较多支持，或者在适当情况下临时调价，同样能实现激励特殊渠道代理商的效果。

（3）定制化策略。由于特殊渠道与传统渠道并不具备同类可比性，其相关策略的效果优劣，在执行初期并没有结果加以佐证判断。企业应考虑实施"一对一"的定制化策略，围绕特殊渠道实际需求来灵活制定政策，帮助渠道代理商获得满意的结果。

3.2　酒店渠道：运营模式决定采购权归属

大众通常从两个角度认识酒店，即消费角度与商业合作角度。对于服务商来说，选择与高端酒店合作将会吸引更多的高净值消费客流，对于提升品牌附加值起着不容小觑的作用。

3.2.1　酒店行业常识

企业应熟悉下列酒店行业常识，以便开展酒店渠道营销。

1.　酒店的分类

在我国，酒店的分类方法如下。

（1）功能划分法。根据功能进行划分属于对酒店行业的一级划分。根据全产业链功能的不同，酒店行业可分为在线平台、旅游住宿、租赁地产、服务商等模块。

（2）体量划分法。根据体量进行划分是对酒店住宿业的二级划分。根据酒店体量，酒店住宿业可细分为国际高端酒店、国内高端酒店、精品酒店、全服务中档酒店、有限服务中档酒店、经济型酒店、平价酒店、民宿客栈 8 种类型。其中，容易产生歧义的当属全服务中档酒店和有限服务中档酒店。针对中餐服务、西餐服务、健身房服务等这些服务功能而言，有限服务是指仅提供上述某一项服务，如早餐；全服务则囊括所有的酒店基本服务。

（3）级别划分法。级别划分是从服务级别的角度对旅游住宿业进行划分，旅游住宿业可分为五星级酒店、四星级酒店、连锁酒店及城市单体酒店。这种划分法的主要参考价值在于，企业进行业务拓展时可加大对重点渠道的把握。

借助以上三种方法，旅游住宿业的画像逐渐变得清晰、立体，但在线平台、租赁地产、服务商的概念还是很模糊。

简单而言，在线平台分为在线短租平台和在线旅游平台。具有代表性的在线短租平台包括爱彼迎、途家网、蚂蚁短租，知名的在线旅游平台有携程、飞猪和马蜂窝。这些平台都是酒店的流量入口，也是服务商寻求与酒店合作的资源切入点。

租赁地产则分为很多类，包括集中式长租公寓、分散式长租公寓、服务式公寓、短租公寓、办公空间等。短租公寓的代表有一呆公寓、斯维登公寓、四叶草公寓等，普通消费者可能对这些品牌的印象不深，但这些公寓品牌里却藏着新的消费走向和渠道机会。

2. 常见的高端酒店集团

国际高端酒店主要集中于十二大酒店集团，涵盖了 44 个品牌，合计约 900 家门店。这十二大酒店集团分别是洲际（英）、温德姆（美）、万豪（美）、雅高（法）、希尔顿（美）、喜达屋（美）、凯悦（美）、凯宾斯基（德）、锦江国际（中）、香格里拉（新）、最佳西方（美）、朗庭酒店（英）。

了解国际高端酒店集团及其数量后，回顾国内高端酒店的情况，也可将其刘分为十二大酒店集团。其涵盖 24 个品牌，合计约 500 家门店。

国内十二大酒店集团大概是：首旅（京）、开元（浙）、金陵（苏）、华天（湘）、凯莱（港）、维也纳（粤）、世纪金源（京）、港中旅（粤）、海航酒店（琼）、粤海酒店（粤）、华侨城

（粤）、河南中州（豫）。当然也有别的说法，我们不去纠结。

3. 高端酒店主要分布区域

了解完酒店业的重点集团，紧接着还要结合具体业务来了解重点区域，即酒店品牌的具体门店主要集中在哪些省份，哪些城市？

根据区域占比的不同，80% 的国际高端酒店将门店集中在广东、海南、江苏、上海、北京、浙江这六个区域。另外，国内高端酒店则将门店布局于广东、海南、江苏、北京、浙江、湖南这六大区域，区域内门店占比率达到总量的 65%。

3.2.2　酒店管理模式与采购权归属

酒店渠道认知框架的构建涉及明确酒店产业分类、酒店集团、品牌名称、门店数量、区域分布这几个维度。除此之外，认清酒店管理模式将会对业务拓展起到实质性的帮助。因为酒店管理模式不同，那么采购权归属也有不同。

酒店管理模式可以划分为四个方面。图 3.2-1 所示为酒店管理模式的划分。

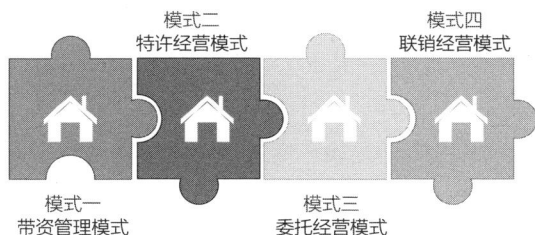

图 3.2-1　酒店管理模式的划分

1. 带资管理

所谓带资管理是指某个酒店品牌自主完成从土地购买到后期的基

础建设及管理等工作，拥有 100% 的酒店所有权和经营权。

2. 特许经营

特许经营类似于品牌代理。

例如，万科创立了一家酒店，找到喜来登做品牌授权。在管理方面，万科按照喜来登的标准进行日常经营与管理，喜来登向万科收取一定比例的特许经营费用。

在特许经营模式下，酒店的资产所有权 100% 归万科，品牌所有权归喜来登，经营权原则上 100% 归万科，采购决策权 90% 归万科，喜来登有10% 的建议权。服务商在做业务拓展时，主要对接万科，因为决策权归万科；服务商也可以找喜来登，但喜来登仅起到牵线搭桥的作用。

3. 委托经营

委托经营模式同样常见。

万科创建了一家酒店，找到喜来登做品牌授权，并且由喜来登团队统一进行管理。这时酒店的所有权归万科，经营权则归喜来登，实际采购决策权可能会由喜来登持有 85%，由万科持有 15%。

在委托经营模式下，当服务商进行业务拓展时，首先应联系喜来登，其次与万科沟通。

上述情况是委托经营中的"A、B 模式"。此外，还有"A、B、C"模式。

万科、喜来登两大主体不变，再加入一家名为 S 的酒店管理公司。三方关系变更为万科创建了酒店，由喜来登做品牌授权，请 S 公司的团队负责酒店的日常运营。

剖析三权的变化，酒店的资产所有权还是归万科，品牌所有权归喜来登，经营权归 S 酒店管理公司。那么采购决策权将变更为 S 团队占 80%，万科 15%，喜来登 5%。如此一来，当服务商开展业务洽谈时，需要按部就班地执行"三步走"战略，即推进实质性业务找 S 公司，引导决策倾向找万科，牵线搭桥找喜来登。

4. 联销经营

联销经营是指多家单体酒店共用一个品牌，这样做的好处是对外有利于打造连锁酒店的形象，对内则可以凭借集中采购降低运营成本。

联销经营模式下的三权也比较清晰，酒店的所有权和经营权归各个单店所有，采购决策权 70% 归单店，30% 归联采平台。单店为了降低成本会积极参与联合采购，但这种联合采购的模式却不具有唯一性。这就要求服务商在进行业务拓展时做到双管齐下。

3.2.3　酒店渠道业务拓展领域与合作方式

酒店与服务商的合作路径通常覆盖多个内部业务领域，大到智能照明系统、客房控制系统、智能电视系统，小到清洁设备、床垫、地毯、一次性用品等，跨度大，范围广，其中蕴藏着无限的商机。

知名酒店卫浴品牌箭牌与科勒有可能给一次性用品的代表隆力奇和美加净带来与酒店合作的商机。这种服务商之间的相互串联与信息共享是突破与酒店合作的重要入口。

以酒店的餐饮服务举例，餐厅的早餐半成品、后厨食品的供应将会触达酒店内商品的陈列销售、商务酒廊、咖啡厅、客房冷柜、定制化等多项业务。

针对业务拓展，服务商可以深入各行各业分析自己的企业在这里有没有机会，有没有自身擅长的领域。至于合作形式，企业则要学会打开思路，不要以为"合作了、进店了"就达到了目的，必须开展多种形式的深度合作，这样不仅有助于产品销量的提升，还可以节约物流成本。

3.3 餐饮渠道：如何克服网点多却收获微的弊端

谈及餐饮渠道，多数人很熟悉，将其视为平常之物，形成了"看轻、看淡"的习惯性思维。然而，餐饮渠道有金矿般的渠道价值。

3.3.1 餐饮渠道的经典案例

餐饮是一个大市场，有两个数据足以说明其大：首先，截至2022年，全国餐饮企业门店数量约320万家，大于传统渠道的网点数；其次，餐饮收入规模平均占社会零售品总额约11%。

在如此巨大的市场份额面前，目光如炬的企业把握住了餐饮渠道的机会，最终造就了伟大的品牌与事业。其中具有代表性的企业当数妙士、李锦记、王老吉这三个品牌。

1. 妙士案例

虽然现在市面上看不到妙士了，但无法抹去这个品牌的光辉历史，因为它开创了牛奶饮品上餐桌的先河。

1995 年，妙士在河北成立时，传统终端伊利、光明、三元等大企业已将中国乳品市场瓜分殆尽，再加上牛奶行业是一个产品同质化程度很高的行业，从产品本身的特性入手很难找到空白市场。

妙士团队经过反复分析和评估，最终秉持剑走偏锋的裂缝思维，从餐饮渠道入手，推出宴会佐餐饮料，突出"醒酒养胃"的健康卖点，聚焦于中高端消费人群。

此外，在营销策略上，妙士也是另辟蹊径，将创新的经营理念发挥到极致。

①包装新奇。妙士在包装上与传统品牌有所区别，采用了屋顶包的设计，成功打造差异化优势。

②定位清晰。妙士跳出传统乳品特价、买赠的圈子，在保持价格稳定和高利润的情况下，效仿酒水客户，开展"瓶盖兑换""打包承销"等活动，兼顾了厂家、经销商、店铺经营者、服务员的多方利益。

凭借创新的外包装与精准的市场定位，妙士产品的市场销量曾经一度占据餐饮行业总销量的 90%，得到了较高利润回报。

2. 李锦记案例

李锦记的成功秘诀在于它以餐饮协会、八大菜系作为切入点，通过深耕资源数据与菜品研发，进一步简化烹饪流程，让厨师形成烹饪依赖。

李锦记在每个城市设立餐饮部，其职责是找出当地有代表性的地方菜作为重点对象进行研发，并在传统烹饪方式的基础上实现突破。蒸鱼豉油就是很好的例子。原先，人们在蒸鱼的时候要准备一堆调料，现在只需要一瓶蒸鱼豉油。显然，用消费习惯培养渠道，正是李锦记成功的重要原因。

3. 王老吉案例

如果说妙士与李锦记这两个品牌是偏科偏到一定专业性，那么王老吉就是全科得优的典范。

王老吉从火锅、川湘菜入手，强调解决人们容易上火的问题，这等同于将整个火锅餐饮品类都作为了品牌营销的渠道。这样的渠道管理理念问世后，王老吉成了继可口可乐之后单一产品销量突破 200 亿元的企业。

3.3.2　餐饮渠道成功运营的三个核心

王老吉的成功经验对其他餐饮品牌具有高度的可借鉴性，但是王老吉真的能代表整个行业吗？答案是否定的。

由于每个企业的基因、组织运营能力不一样，很难形成统一的答案。总结餐饮渠道的成功经验，可以搭建起一个全新的思维框架，也可称之为促进餐饮渠道成功运营的核心。

图 3.3-1 所示为餐饮渠道成功运营的三大核心要素。

图 3.3-1　餐饮渠道成功运营的三大核心要素

1.　产品与渠道兼容

餐饮渠道是巨大的消费场景，要想在这个场景实现突破，关键在于找准定位。王老吉为了开拓市场，就曾抛出知名的"五定"理论。

（1）功能定位是预防上火。

（2）包装定位是即饮消费。

（3）情感定位是带去快乐和消除烦恼。

（4）在消费人群定位上，广义消费群体是男女老少，核心消费群体是 22~40 岁的白领等。

（5）在渠道定位上，主要实现行业与业态的全方位兼容。

2.　产品包装的渠道区隔

餐饮行业具有高零售价的特点，如果卖场同款产品被放到餐饮渠道销售，那么消费者可以通过该产品的零售价，反推出饭店菜品加价率，从而断定饭店的定价过高，打乱正常的经营秩序。实际上，某些企业为了节约成本，企图利用给产品换个瓶盖、换个包装颜色的方式"蒙混过关"，结果适得其反，加剧了消费者对品牌的反感和误解。

企业在产品包装的渠道区隔上，要多花些心思，经常组织市场部共同商讨对策，让包装既能满足渠道之间的区隔要求，又可与餐饮渠道兼容。

3.　跨渠道价格平衡

针对同一产品采取多种渠道进行销售，第一要务便是做好跨渠道的价格平衡。

当行业内部竞争比较激烈时，厂家常常通过类似杀鸡取卵的方式来提高短期销量。例如卖场买赠、特价销售都是常态化的促销方式，这些举动会极大地伤害餐饮渠道的供货商和采购人员。

在短期促销的消费场景下，供货商会发现卖场的商品零售价比自己的代理价还要低，采购人员也会发觉卖场的零售价比自己批量采购的价格还便宜。

当市场生态位的采购决策人出现心理动荡，极有可能造成的局面就是生意流产，买卖终结。因此，针对跨渠道销售体系，企业要做好价格上的平衡。

3.3.3 餐饮渠道成功运营的两个关键

企业运营餐饮渠道，除了要掌握比较常见的经营理念外，还要具备找准事物焦点的能力。在实际的运营中，餐饮渠道被成功开拓，主要取决于以下两个关键点。

1. 正确的运营模式

了解餐饮渠道的运营模式，需要先从客户的分类入手。总体而言，全国的餐饮品牌主要可以细分为全国连锁餐饮、区域连锁品牌餐饮、地方品牌餐饮、B类终端餐饮、C类终端餐饮这五种渠道类型。

以上五种渠道类型对应五种不同的运营模式，可以将其简称为"二次方五分法"，即餐饮渠道分为品牌餐饮与大众餐饮；品牌餐饮分为连锁品牌餐饮和地方品牌餐饮；连锁品牌餐饮分为全国连锁餐饮和区域连锁品牌餐饮，同时也可分为直营门店和加盟门店；大众餐饮分为B类终端餐饮和C类终端餐饮。

全国连锁餐饮一般实行"总对总"的塔尖型运营模式，由集团总部以立项的形式对接餐饮总部。比如2020年海底捞、眉州东坡、西贝、麦当劳等的立项项目，就是由总部项目负责人对接跟单，直到正式签约。

签约可以有多种形式。

一种是签订战略框架合同。各地经销商需要拿着这份合同对接当地门店再签具体采购合同，这适用于加盟店比较多的餐饮品牌。

另一种是总部直接与经销商签订全国集采合同，每次总部接到订单后再将订单分发给各地经销商，让其做好当地配送工作。如果某些品牌的经销商网络不健全，便只能启动第三方物流，这会增加财务成本和沟通成本。

无论是经销商配送还是第三方物流配送，利益分配和订单到达率才是整个环节的核心，其不仅直接考验一个公司的运营能力，还关系到双方合作的顺畅程度，更关乎续约的问题。此外，和全国餐饮连锁品牌合作不仅考验业务公关能力，还考验团队整体的业务承接能力。

（1）区域连锁品牌餐饮。区域连锁品牌是指在本省范围内或覆盖周边超过三个省的连锁餐饮品牌，这类品牌需要在经营范围内立项，由区域经理牵头对接，涉及跨省、跨区域的门店由总部成立项目落地协调组进行协调。

（2）地方品牌餐饮。地方品牌餐饮是指当地政府、商业精英，或高净值人群习惯性就餐的餐饮品牌，也可称为当地的 A 类终端。

这类门店引领当地的家庭消费习惯。在这些门店内部，要重陈列、重形象、重推广。

（3）B 类终端。B 类终端泛指经营规模介于 30~50 桌的餐饮店，这个规模的门店正是拓展餐饮渠道极好的目标，王老吉就是抓住这个渠道，迅速从餐饮渠道崛起的。

但这类客户也是主要的赊销来源，这部分客户主要是撬动餐饮第二层级和啤酒第二层级的资源。纵观整个餐饮行业，大到粮油、食材，小到调味品，基本都是"一站式采购"。

一站式采购模式将会推动当地孵化出专业的餐饮供应商，几个供应商覆盖当地绝大多数的 B 类餐饮终端，而品牌打入餐饮市场最快捷的方式之一就是借助这些经销商的网络，迅速占领市场。

此外，重要的路径还有撬动当地啤酒供应商。通过观察不难发现，几乎每个大城市都有当地的啤酒品牌，而且当地啤酒品牌在当地的覆盖面更广。

（4）C类终端。C类终端是指规模小于30桌的门店，如大排档、烧烤、饺子馆、小吃店等。

C类终端适合采用按路线拜访的拓展模式。拜访分为高频拜访与低频拜访两种模式，高频拜访是指每周拜访两次，低频拜访是指每周拜访一次。拜访频率的设定以餐饮客户的安全库存周期为主要依据。

2. 生态利益分配的原则

利益分配的重点是兼顾餐饮二批商、门店终端、服务员及消费者这几方的利益。

（1）餐饮二批商，也叫批发协作商。除了正常利润外，企业一般以季度为周期对批发协作商进行奖励。奖励的方式可以是多给几箱货，也可以是给特定物品，或者给予精神奖励。

（2）门店终端的激励机制，一般要与进货数量相结合，进几搭几，空白网点与啤酒捆绑进行联合促销的效果比较好。

（3）针对服务员的激励多以集盖兑换礼品为主，奖品多以日化产品为主，如牙膏、洗衣粉、洗发水等。

（4）围绕消费者的促销常见的是抽奖、刮刮卡或扫码，礼品以电火锅、电磁炉、榨汁机为主，侧重实用性。

餐饮渠道是蕴藏无限潜力的消费型渠道，也是品牌争夺消费者的必要渠道，企业要充分了解它的特点和运作模式。

3.4 交运渠道：航空、铁路、公路渠道开拓

与大众日常生活紧密相关的航空、铁路、公路三大产业，也是可以开发特殊渠道的领域。

3.4.1 航空渠道的开发关键点与策略

截至 2022 年底，国内共运营有 34 家客运航空公司，其中 30 家分别属于国有四大航空集团（中航集团、南航集团、东航集团、海航集团），3 家（春秋、吉祥、奥凯）属于民营独资，1 家（华夏）为地方航空公司。

图 3.4-1 所示为国内客运航空公司分属情况。

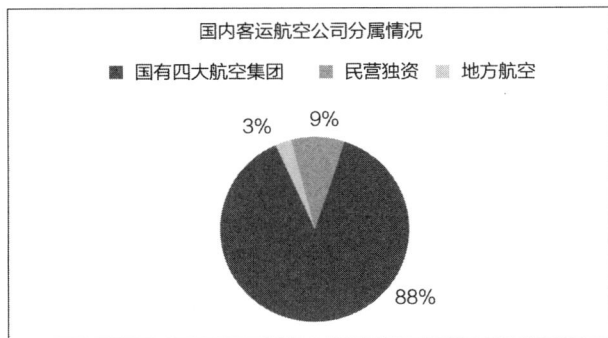

图 3.4-1 国内客运航空公司分属情况

通过图 3.4-1，可以直观清晰地看到客运航空公司的占比，明确业务开展的风向标，从而更有针对性地完成业务对接。

围绕航空公司业务生态，有大量相关产业的合作机会值得发掘。根据采购权归属的不同，业务可以分为客舱配饮、客舱配餐、机场VIP室、机场便利店四个部分。

1. 客舱配饮

乘客搭乘飞机落座后，机组工作人员将提供各种饮料。如果乘客乘坐的是国际航班，机组工作人员还可能额外提供酒类产品，这些产品在业内称为"机供品"。

我国航班采用的机供品配备制度从西方国家引进而来，尽管大多数西方国家航班现已取消这一惯例，但我国保留了下来。机供品的品类主要有咖啡、果汁、酒、可乐、茶水、牛奶、饮料、矿泉水等。

根据航班类别不同，所提供的机供品种类也有所变化。航班类别可分为国际（地区）航班、重点航班、非重点航班、包机航班、四段短航班和四段长航班等六类，对应的机供品的标准也各不相同。例如近年来，1小时左右的国内航段仅提供一瓶矿泉水。

除了不同航班的标准有异，同一架飞机机舱等级不同，所提供的标准也不同。头等舱、商务舱与经济舱客舱的配饮标准完全不同，采购标准也称得上天差地别。

例如，汇源作为客舱配饮的代表企业，其在该渠道建立的合作形式，可称为业内快速消费品企业的经典模范，也为该企业带来较多利润。市场上一度有传言，航空公司的业务支撑了整个汇源集团的业绩。

同样，其他品类如咖啡、果汁、酒、可乐、茶水、牛奶、矿泉水的相关企业，若也想进军客舱配饮（机供品）领域，自然也需要和航空公司客舱部建立友好密切的联系。

2. 客舱配餐

客舱的配餐分为热早餐、正餐、简餐、盘餐、盒点、汉堡餐等几类。其同样是根据航班类别、舱位等级划分配餐标准。客舱配餐的采购权归属稍微复杂，主要归属于航食公司和机场配餐公司。

其中，航食公司隶属于航空公司，全国较有影响力的航食公司大概有 90 多家，业务规模覆盖主要航线和吞吐量较大的机场。例如北京航空食品有限公司主要满足国航的北京三大机场的飞机客舱配餐供应，同时也承揽了南航、东航、海航在北京的配餐任务，拥有采购权。

具体到不同渠道时，企业应具体研究其采购权归属。

又如兰州机场，共有三个航食公司负责其航食配餐，分别是甘肃东方航空食品有限公司、甘肃海航汉莎航空食品有限公司和兰州航空食品配餐公司。东航和海航在兰州机场是通过其下属航食公司实现配餐的。而余下的国航、南航、春秋、吉祥、奥凯、华夏航空公司的航班则由兰州航空食品配餐公司提供配餐。如此一来，任何一家企业品牌试图实现对兰州机场航班客舱配餐全覆盖，都需要同时获得这三家公司的许可，兰州机场的渠道采购权也由此变得较为分散。

再例如，呼和浩特机场渠道内，四大航空公司都没有驻派自己的航食公司，而是全权交由呼和浩特机场自身的内蒙古空港航空食品有限公司完成客舱配餐，由各航空公司下放配餐标准；内蒙古空港航空食品有限公司按照甲方标准配餐，实际采购权为内蒙古空港航空食品有限公司所有。

通过以上两个实际案例，可以清楚知道客舱配餐采购权主要分为三类，分别是航空公司客舱部、航空公司隶属的航食公司、机场的航食公司。这对企业相关渠道管理者的行业熟悉度、业务掌握程度提出了较高的要求，管理者若不深入研究、了解清楚情况，很容易出现所求无路的窘迫困境。

3. 机场 VIP 室

机场 VIP 室主要提供休息空间和免费食品。

VIP 室的种类较多，共分为航空公司 VIP、订票中介机构 VIP、企业单位 VIP 和机场 VIP 四种。

表 3.4-1 所示为四类 VIP 室的详细情况。

表 3.4-1　四类 VIP 室的详细情况

种类	服务对象	采购权归属
航空公司 VIP	头等舱客人、商务金卡会员	集团客舱部
订票中介机构 VIP	订票中介机构的大客户	对应订票机构
企业单位 VIP	与本单位有业务往来的大客户，以银行和国企为主	对应单位后勤部
机场 VIP	各大航空公司的头等舱和金卡会员、政府商务接待	机场地勤部

四类 VIP 室的服务对象和采购权归属各不相同。企业根据业务对象的身份特征，了解对应的 VIP 室类别情况和采购权归属，是进入该渠道的基础。

4. 机场便利店

机场便利店分为商贸中心便利店、承包商便利店和社会连锁便利店三类。

商贸中心便利店属于机场直营店，采购权归机场商贸公司。承包商便利店是由机场对外承包出去，由他人经营，采购权归属承包商。社会连锁便利店，例如全家、华润万家的便民小店或 711 等入驻机场的便利店，采购权归便利店总部集采中心所有。这三种形态的便利店往往同时存在于某一机场，唯有与机场商贸中心深入接触后才能将某个机场的业态组成情况完全掌握，进而明确其各自的采购权归属。

3.4.2　铁路渠道的开发关键点与策略

企业想要在铁路渠道上有所突破、取得成就，势必要深入了解铁路行业内的相关情况。因为铁路渠道内的不同隶属关系体现着不同的采购权，而采购权所属则直接与渠道营销业务成绩挂钩。

铁路渠道的采购权行使形式，主要分为以下类型。

（1）铁路局集采，动车局负责采购动车餐饮的相关事务，由局内采购部门负责对接开展业务。

（2）客运段直采，主要由内部财务科联合各科室对接管理。客运段是铁路系统的重要部门，主要负责旅客列车工作人员的管理工作，以及本局管内的旅客列车服务。其中，不仅包括旅客列车乘务工作和全局旅客列车的餐饮服务，还包括跨局运行的旅客列车服务。例如，沈阳铁路局有 3 个客运段如沈阳客运段、长春客运段、大连客运段。

（3）路段人员个人承包，这种情况主要因为部分地区比较偏远，客流量较少，旅服公司或其他部门难以覆盖到这些路段，于是将该站对外承包给个人，其采购活动自然归承包人员负责。

旅服公司可分为两种情况：一是类似于航空公司下设内部航食公司，铁路局开设旅客服务公司提供服务；二是铁路局将采购权承包给专业的贸易公司，由贸易公司成立旅服公司，按照铁路局的要求提供服务。

3.4.3　公路渠道的开发关键点与策略

公路渠道主要指非油业务销售渠道，分别是中石油的昆仑好客、中石化的易捷便利店和高速公路服务区销售网点。据不完全统计，截至 2022 年中石化加油站有 3 万多家，其中已有 2.3 万家易捷便利店；中石油加油站有 2 万多家，其中有 1.5 万家开设昆仑好客便利店。

如此庞大的规模，再加上销售网点"后备箱"活动的优惠带动，逐步培养出车主在加油结账或服务区休息时购物的习惯，车主们的购买行为覆盖了即饮即食产品到一站式居家购物。此外，户外卡堆陈列、横幅夺目，也起到了很好的品牌宣传作用，成为水和饮料品牌营销的必争之地。

1. 国企体制采购的复杂性

即便市场诱人，但国企体制与采购权的复杂性，同样决定了公路渠道合作交易的超高难度。以中石油为例，其架构的复杂导致了采购权的重叠。

截至 2022 年底，中石油总部销售公司下设 32 家地区销售分公司和 5 家专业分公司，32 家地区销售分公司又下设地市分公司，由地市分公司垂直管理加油站，其中每个层级都对应有非油品业务处，采购权归非油品管理处处长。此外，也有部分产品由总部非油品管理处采购，部分则归省非油品管理处采购，甚至还有地级市业务管理处采购的情况，这就需要企业深入研究对方业务流程，才能进一步了解清楚。

2. 高速公路服务区采购的极端性

高速公路服务区采购则简单许多，大多数由私人承包或招商商户负责，企业只需根据实际情况进行对接便可。高速公路服务区采购存在的主要问题是配送成本较高，并且部分品牌实行区域代理制，企业需要在规划时做出更细致的划分。

高速公路服务区的采购极易出现两种极端现象：或是地理位置优越，利润空间大，各企业争相开发；或是地方偏远，配送成本高，利润空间小，导致无人过问。面对这种极端性情况，企业需做好业务布局和统筹协调，尽量减少"无人过问"现象的出现。

交运渠道的发展空间较大，不仅蕴含着众多商机，还承载着品牌宣传的重任。企业唯有把渠道特性和采购权归属等基础问题了解清楚，才能系统性解决其中问题。

3.5　厂企渠道：如何抓住巨大流量

厂企渠道属于工作空间，能形成庞大完整的商业生态。对此，个别团队规模较小、销售网尚未健全的企业只能画饼充饥，不知从何入手。其中问题涉及厂企渠道的定位，在该渠道中，自有食堂的工厂和企业属于重点关注对象。

企业是工作空间人流最大的领域，人员高度聚集的地方存在爆发式的消费。大型企业效益好，员工多，待遇好，是 B2B 的重点渠道。若能抓住该渠道流量，对于品牌长久发展的重要性不言而喻。

提及国内 500 强企业，人们的第一直观感受就是"规模巨大"和"资金雄厚"。想要站在类似"巨人"的肩膀上，进行友好生意往来，享受其规模红利，营销团队就需要深入细致了解其主要特征，细化组织规模，发掘渠道优势。

营销团队与厂企渠道的合作形式和策略主要如下。

1. 厂企渠道的合作形式

营销团队与厂企渠道的常规合作形式有 5 种，分别是福利发放、餐厅供应、内部超市、接待使用、防暑降温。

（1）福利发放。企业针对春节、劳动节、端午节、国庆节等重大节假日为内部员工提供的福利活动，属于特殊渠道常见的团购，其采购权通常归属企业工会或人力资源部。由于每个企业标准不同，采购预算与发放时间也有差异，但是都会在年底提前做好第二年的福利预算。尤其是国内 500 强企业，临近节假日需求量猛增，普遍预算较多，利润空间较大。

（2）餐厅供应，可以理解为团餐，其拥有巨大的潜力市场，例如富士康下属的一个工厂就有 1000~3000 人，容纳几百人的餐厅有四五个。全国 500 强企业内的 200 多个制造企业，员工数量高达 2000 万人，其供给缺口可想而知。

（3）内部超市。该合作形式和团餐有着千丝万缕的联系。大部分企业的饭卡支持在内部超市购买东西，许多效益偏好的企业的工作人员饭卡一般都有剩余，从消费心理角度而言，记账或饭卡支出，其价格敏感性不如现金消费，因此能极大促进内部超市的消费。此外，很多员工在封闭性的企业环境每天最少停留 8 小时，内部超市是唯一的线下实体消费场景，在内部超市消费会由勉强接受逐步演变为自然习惯。

（4）接待使用、防暑降温，这两大采购方式属性相似，最大的区别是防暑降温的渠道采购更偏重制造业企业，而接待使用则范围更广。200 多个制造企业占据了重要的产业价值，其每年在防暑降温方面的采购量需求极大，因此若有防暑降温功效产品的企业，应将该渠道合作方式列为重点。

2. 厂企渠道的合作策略

熟悉并掌握渠道的合作形式后，可以有针对性地制定合作策略，为企业开展相关业务提供参照模板和经验借鉴，以助力发展。

营销团队可以针对福利发放和餐厅供应两种主要形式，分析研究合作策略。

（1）制定福利发放的合作策略时，应主要注意 4 点。

表 3.5-1 所示为福利发放的合作策略。

表 3.5-1　福利发放的合作策略

序号	策略内容
1	提前一年与目标企业建立起友好的关系往来，确保渠道畅通
2	了解并分析在过去一年内目标企业各法定节日福利的采购名录，熟悉该企业的节假日采购习惯
3	在年初便需重点掌握目标企业本年度的采购预算与计划
4	尽量避开食品企业和小件家用企业

例如，营销团队将中粮集团定为目标企业，就属于目标客户筛选错误；因为中粮集团在米、面、油等方面不缺乏资源，一般不外采。再例如格力集团，按照其福利发放的习惯，极大可能为员工安排榨汁机之类小家电。

（2）餐厅供应的合作策略。若想在餐厅供应的巨大市场中收获实利，企业则需要从两方面着手：一是直接与目标企业的后勤或工会对接；二是与第三方的团餐企业达成合作。

大部分企业为减少管理成本，集中精力于主营业务，往往会秉着专业的人做专业事的原则，将企业食堂对外承包，由此催生了不少团餐企业，甚至有个别出色的企业在这一生态位上做到了极致，成功上市。

优秀团餐集团众多，例如蜀王集团，其开创者为一位普通的安徽合肥人，用 500 元开火锅店起步，1999 年转型团餐企业，发展到今天的庞大规模。除政府、学校、医院外，其与华为、阿里、腾讯、通用电气、博世、ABB 等大量国内 500 强企业达成合作，此外，一些地方性或区域性团餐集团也拥有斐然的成绩，例如宁波康喜乐嘉餐饮管理有限公司、青岛举鑫帮厨有限公司等。营销团队如能寻找机会与此类企业沟通合作，能以点带面辐射众多企业，达到事半功倍的效果。

当然，此类合作也有缺点，例如压价严重造成利润空间萎缩、账期较长不利于企业资金流动等。但在前期市场开发过程中，与团餐企业合作有必要，因为既能减少团队配送的成本，又能快速启动业务和大面积覆盖市场。况且有些目标企业全权委托外包，采购权属于团餐企业，对接企业只能起到引荐作用，最终还是需要与团餐企业进行沟通合作。

厂企渠道是块美味、硕大的蛋糕，对于大部分企业而言都是不错的增量市场。企业要结合自身实际情况有针对性地制定合作策略，加持自身发展。

3.6 医疗渠道：如何才能开发好医院资源

医疗渠道一般指医院、药店、体检中心、防疫站等医疗健康机构。医疗渠道始终是医药企业和医疗器械企业的主营销渠道，其他企业在该渠道的业绩并不理想，尚有广阔的提升空间。

3.6.1 医疗渠道的特殊性

医疗渠道的重要战略性地位决定了其在众多渠道中的特殊地位。特殊渠道的本质是一条销售路径，乙方需要揣摩甲方合作意愿。但合作的永续终究是在平等前提下实现的，甲乙双方同样应采取"先生意后朋友"的相处模式，否则难免走向疏远，甚至合作破裂。而医疗渠道恰恰可以解决特殊渠道营销团队面临的相关窘境。

各大医院营养科地位不断提高，营养餐、营养科门诊等就出现了大量的采购需求，这就创造了一些渠道开拓的机会。

例如针对已住院患者提供集体营养状况评估（包括人体成分分析测定）、膳食营养素摄入情况评价、针对疾病的个体化营养治疗方案（含饮食模式建议、营养补充剂建议、肠内肠外营养用药建议及生活方式改善的提醒）等，都是良好的开拓渠道的机会。

除此之外，还有一些规模较小的合作机会，例如医院内部的超市都可以去开发一下。

3.6.2　如何建立医院档案

基于医疗渠道的特殊性，若想在该渠道有所建树，营销团队则需要从长计议，先提升专业技能。营销团队主要应从建立医院档案、开发医院的几种形式、拜访医生的技巧、产品推广促销形式等几方面展开学习。

档案是销售人员的武器，也是必备的基本工具。营销团队主要需关注三方面资料，分别是医院档案（包括院领导档案）、学术带头人档案、营养科档案（包括主任档案）。

3.6.3　开发医院渠道的两种形式

产品若想顺利获得进入医院的资格，拿到临床推荐，营销团队则要对医院采购的形式和程序充分熟悉，对自己应采取的方法都有明确安排。通常而言，开发医院渠道包括如下两种形式。

1. 产品代理形式

通过产品代理形式进入医院。企业委托已和该院合作的某家医药经销单位，由其作为产品的代理，使产品顺利进入相对应的医院。

2. 产品直进形式

产品直接进入医院销售，生产企业不依靠任何相关的医药经销单位，直接派出业务代表到合作医院做开发工作，从而完成产品进入、促销、收款的全过程。

两种方式各有利弊，企业需要根据本身情况做出正确决策。但无论采取哪种方式，企业都必须了解医院的采购程序。以医药为例，了解医药进入医院临床使用的一般程序。

图 3.6-1 所示为医药进入临床使用的一般顺序。

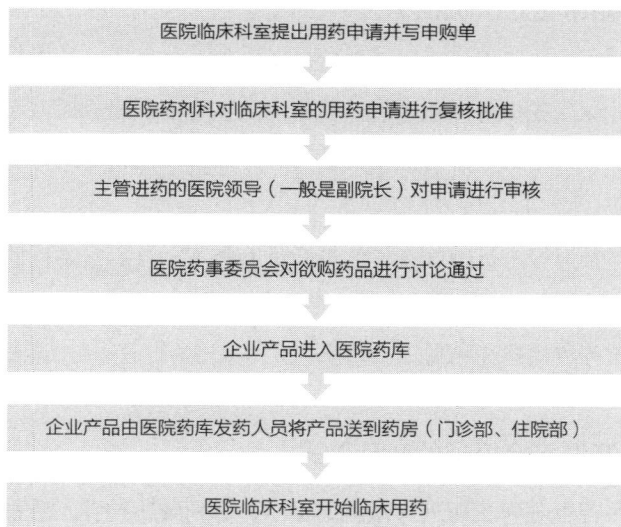

图 3.6-1　医药进入临床使用的一般顺序

食品类产品虽没有药品类审核严格，但如果想获得临床推荐，就需严格遵循规定流程。每个医院的药品申请流程都略有差异，需要根据具体医院具体对待。

3.6.4　拜访医院负责人的技巧与方法

拜访医生与拜访其他渠道客户不同。首先，医生的第一要务是看病救人，不具商业属性。其次，医生没有大量空闲时间用于联络。尤其是对外科医生，营销人员在拜访时必须考虑时间和场合。

不妨了解以下案例。

1. 具体案例

销售人员甲，8:00 准时来到王医生的诊室门口："王医生，我是某公司的销售代表……"

医生："我现在太忙了，你以后再来吧。"

但甲很执着并"聪明"地想出了"好"办法。他伪装成"病人"挂号，等候这个医生为他"看病"。轮到他时，他走进医生的诊室："王医生，我是某公司的销售代表，现在您应该给我时间听我介绍……"

王医生被彻底激怒，结果不言而喻。

销售人员乙，同样是 8:00 来到诊室门口，也同样因医生忙碌而被婉拒。乙同样很执着，但他先拜访了一些较为空闲的其他医生，然后在王医生的诊室外继续等候。将近 12:00，病人差不多都离开，他走进诊室："王医生，我一直在诊室外等候，现在没有病人了，我可以进来吗？"医生被他的执着感动了，请他进诊室并与他攀谈起来。后来，医生发现自己还想了解更多信息，于是主动将自己的出诊时间及联系方式告诉乙，让乙另约时间。

2. 案例分析

甲和乙的两种做法产生了截然相反的结果。虽然销售代表甲的执着精神是可取的，但他太急于求成。其实，大多数医生并非完全不愿意给机会，而是希望自己在忙碌时不被打扰。甲"假装病人"的做法触及了医生的职业底线，不仅影响此次拜访结果，还极有可能令该医生永远拒绝他的拜访。

销售代表乙同样执着，但当他发现不能马上拜访这位医生时，就采取了迂回的做法。当医生发现销售代表一直在等候并遵守医院规定时，就很难再次拒绝了。

3. 拜访技巧

那么何时拜访医生合适呢？一般来讲，8:00~9:00是医院的交接班时间，也是一天中医生最忙的时候，常规拜访应尽量避免安排在这段时间。将近中午下班时，医生相对比较轻松，但这段时间较短，因此销售人员即便在此时找到机会，也要尽量言简意赅，并争取与医生约定下次拜访的时间。此外，在将近下班时，病人也较少，医生有较多的时间，销售代表可以与医生长谈，但谈话内容也应做到有的放矢。

表3.6-1所示为拜访医生的技巧。

表3.6-1　拜访医生的技巧

阶段	具体内容
开场白	介绍自己，建立关系，说明拜访目的
探询	试探性地了解医生的期望和需求
推荐	将产品推荐介绍给医生，表明产品可满足他的需求
处理医生反应	当医生对产品或介绍有疑问时，需要做出反应、解释和回答
延展	如能成交，应向医生提出请求，请他给病人开处方时或推荐你的产品；如不能成交，尽量约好下次见面时间

无论是初次拜访还是再次约见，都需要切记不可死缠烂打向医生介绍产品，要恰当照顾医生的生活、工作、情绪（或是情感），先建立近乎朋友的关系，剩下的事情慢慢推进。

3.6.5 医疗渠道产品推广促销的形式与方法

推广促销既需要营销人员有较硬的专业技术，又需要其懂得语言的艺术性，不能只是简单干瘪地说"用我们产品吧"，也不能只是"王婆卖瓜"吹捧式营销，而是需要讲究方法和策略。

推广促销主要有两种形式，一是地面推广，二是媒体宣传。

1. 地面推广

地面推广分为以下几种情况。

（1）一对一推广。这种推广方式是指由营销人员与某个科室主任、医生、护士长、专家、教授单独面对面的私下交流。

（2）一对多推广。这种推广方式主要是指营销人员与在同一办公室里的三五个医生或护士交谈的形式。在此场合下，营销人员应能做到遇乱不惊，同时整个交流过程中销售人员以一位学生求教的身份出现。

（3）科室推广。这种推广方式的特点是临床促销速度快，与医生、护士及领导可在短时间内迅速建立关系，但是投入费用较高。推广方法主要是在产品刚进医院时，组织门诊、住院部相关科室的医务人员开展座谈会议，以宣传新产品为由建立关系网络。

（4）企业对医院推广。产品进入医院后，应将所有对应科室（门诊、住院部）的医生（主任、教授、专家、主治医生、医师）和护士（护士长）组织起来召开座谈会。这是促销规模较大、费用较高的推广形式，能在短时间内打通医院上下环节，构建良好的促销网络，并迅速在该院树立企业、产品形象，促进医院的领导及医务人员直接接受该企业和产品。

（5）企业对医疗系统促销。这是规模最大、辐射面最广、费用相当高的一种推广方式，该促销活动要求在本区域医疗系统全部（或80%以上）已进货的情况下举办。其方法是选在医生公休时间，地点尽量选在医疗单位密集区，以公函形式约请大型医院的相关科室主任、医生（专家、教授、主治医生）、护士长、护士代表，加上当地中、小型医院相关科室主任、护士长、医生、护士各若干名，以及厂矿职工医院、专家专科诊所人员各3~5名召开座谈会。这种方式能够有效完善医生促销环节，建立医生关系网络，便于产品销量增加。

（6）病人推广。在进行医生推广工作的同时，针对门诊病人的促销同样需要重视。营销人员可向病人发放产品宣传资料，边发边宣传本医院有售，或提供医院对面药店或指定店面有售信息，同时还应附加一句"祝您早日康复"。

在病人推广过程中，营销人员要巧用样品。表3.6-2所示为样品的具体使用方式。

表3.6-2　样品的具体使用方式

序号	使用方式
1	发挥宣传作用。请医生将产品和产品手册摆放在桌上，以便病号排队候诊时随便翻看，收获较好的宣传效果
2	扮演"礼品"角色，增进友情。将样品当礼品，但需考虑场合、地点和人物，如果错用，则得不偿失
3	方便大众感知产品。销售人员在介绍产品特点时，可以边拿样品边介绍，让顾客与产品直接接触，更直观地感受产品特征，更容易接受产品
4	处理好"点""面"关系，有些产品较贵，不宜见人就送。了解每种产品的局限性和特点，分清主要与次要、点与面的关系，不要盲目"破费"

样品虽是无偿提供的，但若能合理管理，巧妙运用，对产品的推广促销也会产生意想不到的作用。

2. 媒体宣传

企业要配合营销业务开发，在专业的医药期刊或自媒体，做软性宣传。此类媒体的主要读者群是医药卫生专业技术人员和医疗管理人员，对医生处方选择的影响力较大。

医疗渠道的通路一旦建立，收获的不仅有产品利润，还有其他隐性价值。企业在进行医疗业务开拓时，需秉持"先交朋友，后谈生意"的处事原则，为自身谋取更广阔的发展空间。

3.7 　银企渠道：向白领推销产品需要金融思维

一般而言，金融行业主要按照资产品类划分。资产品类包含现金、股票、债券、外汇、金融衍生品（理财产品）、商品期货、房地产、另类资产（古董、字画、钻石等）等，即以金融的业态属性为依据进行分类。而企业对相关营销渠道划分主要以业务组织结构为依据，主要指银行、保险公司、证券公司等银企渠道。

3.7.1 　银企渠道的规模超乎想象

银企渠道体量庞大，尤其是银行机构在世界 500 强企业中排名均在前列，可谓世界 500 强企业中的佼佼者。根据银保监会和证券业协会统计数据，截至 2021 年末我国银行业金融机构共有 4602 家，保险公司 240 家，证券公司 129 家。中国政府网统计数据显示，截至2021 年末，我国金融业机构总资产为 381.95 万亿元，其中，银行业机构总资产为 344.76 万亿元，证券业机构总资产为 12.3 万亿元，保险业机构总资产为 24.89 万亿元。

在清楚了解银企渠道的庞大规模后，不妨再逐一分析其主要构成及盈利能力。

1. 银企渠道的主要构成

银企渠道由银行、保险公司、证券公司构成，截至 2022 年，总数量有 4000 多家。其中，银行数量最多，服务范围最广。

图 3.7-1 所示为银企渠道的构成。

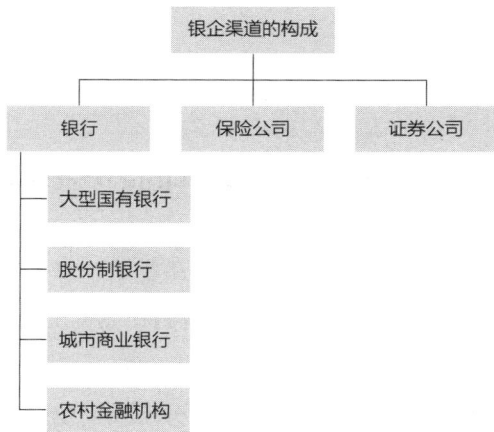

图 3.7-1　银企渠道的构成

（1）银行。我国现有的几千家银行，经营品种五花八门，擅长领域各不相同。按银行属性不同，银行可分为以下几类。

①大型国有银行。国家直接管控的大型国有银行，包括中国工商银行、中国农业银行、中国银行、中国建设银行、交通银行等。这几大银行资产占了全国金融业资产的 40% 左右，在大众心中的地位极高，有很强的吸储能力。

②股份制银行。这部分银行属于我国银行业的第二梯队，例如我们耳熟能详的招商银行、浦发银行、民生银行、兴业银行都属于这一

梯队。股份制银行是全国性质的银行，股权结构灵活多变，经营方式各具特色，能够满足不同用户的不同需求。

③城市商业银行。城市商业银行简称城商行，主要服务于地方中小企业，是地域性极强的银行。这部分银行属于我国银行业的第三梯队，例如上海银行、北京银行、重庆银行、江苏银行等。城商行的独特之处在于采用双线管理模式，在行政方面由地方政府负责管理，而在业务方面则由银保监会负责管理。

④农村金融机构。这部分银行是我国银行业的第四梯队，包括农村信用社等千万家农村金融机构，主要服务于当地县级政府，助力乡村振兴和农户农业生产。

（2）保险公司。截至 2022 年，我国在银保监会注册并公开相关信息的正规保险公司当中，人身保险公司 91 家，财产保险公司 88 家，其他类型保险公司 61 家。

（3）证券公司。我国比较有影响力的十大证券公司是中信证券、海通证券、广发证券、招商证券、国泰证券、国信证券、华泰证券、银河证券、中信建设、光大证券。

由此可见，银企渠道的规模庞大，必须将其单独分列，否则合并到任何渠道都难以实现营销业务的精细化运作。

2. 银企渠道的盈利能力

《福布斯》杂志每年都会评选"全球上市企业 2000 强"，该榜单被认定为全球最具权威性的商业企业排行榜之一。它将上市企业收入、利润、资产和市值等数据综合评分后得出排名。

2021 年公布的榜单排名让人大感意外，中国上市企业上榜 367 家，数量仅次于美国。令人震惊的是，这份榜单发布了 18 期，工商银行连续 8 年霸榜。2022 年第一季度，工商银行更是以 2268.58 亿元营业收入、906.33 亿元净利润的成绩在全球上市企业 2000 强中排名第一。

此外，银企渠道从业人员的平均收入也很高。按照 2019 年官方的数据，我国金融业从业人员中证券业人均年薪为 47.10 万元，银行业人均年薪 38.96 万元，其中有 7 家金融机构的人均年薪超过 60 万元。

3.7.2 银企渠道的开发领域和方式

为研究银企渠道蕴含的商机，探索其中适宜营销业务发展的领域和方式，营销团队有必要先分析银企渠道的盈利模式，从中寻找商机。

图 3.7-2 所示为银企渠道的盈利模式。

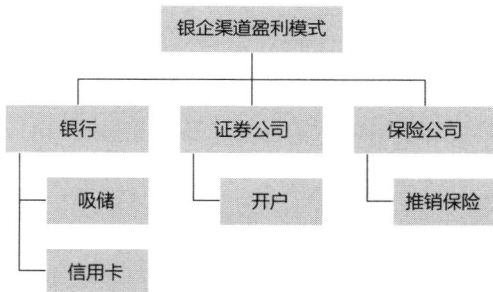

图 3.7-2　银企渠道的盈利模式

1. 银行的盈利模式

银行盈利模式如下。

（1）吸储。银行的盈利模式重点在于吸纳储户的资金。近年来，银行的揽储压力之大可见一斑。银行客户经理为邀请储户开户或者增加存款，通常都会采取各种促销政策，例如送油、米、锅等，当然也少不了理财产品的推销。

银行油、米、锅等日用品方面的采购量需求很大，很容易出现市场机会。

曾经有家乳品企业，成功与农业银行内蒙古分行开展了"浓情回馈，送健康，送财富"的主题活动，活动期限为 70 天，范围涉及自治区 14 个地级市，546 家营业网点，活动结束后结算订单金额总计 400 万元。

这还只是特定区域内的某一家银行的单独普通活动，如果企业能与更多银行合作，参与更多活动，那么业务的增长空间相当大。

（2）信用卡。移动支付出现前，信用卡是消费市场的主要数字支付形式，信用卡业务一度撑起了银行的半壁江山。信用卡在使用高峰期几乎实现了人手一张，有些年轻人甚至在每个银行都各办一张。当下，尽管移动支付成了消费市场的主要支付方式，但信用卡仍然是消费贷申请和使用的主要途径，用户依然保持高度活跃。

信用卡推广有两个难点：一是"卡起"，就是银行想办法吸引用户办理信用卡；二是"卡动"，就是银行要想办法让客户办卡之后使用卡。

①卡起。卡起一般有几种业务类型，包括网银或手机银行、新办 IC 借记卡、新办信用卡和认购基金、存贷通业务和节息贷款、开通金市通和贵金属交易。

客户办理以上业务，银行一般都会设置抽奖环节，用奖品回馈客户，通常食用油、米面、牛奶、饮料、厨具等居多。其主要目的是吸引客户，扩大客户总量。

②卡动。卡动就是让客户使用信用卡。类似营销活动也是企业重要的市场机会。

例如某企业曾经与兴业银行策划了客户回馈活动，活动的主要目的是鼓励持卡人多刷卡多消费。活动要求持卡人刷信用卡消费3笔满388元，便可兑换牛奶1提（每人每月可兑换2提）。活动期间，持卡人可前往兴业银行全国各营业网点和某企业商超陈列堆头处兑换。

该活动最终使双方都得到了很好的品牌宣传和业绩增长效果，兴业银行信用卡的开卡量和刷卡消费额均得到大幅提升，某企业取得了销售1800万元的好成绩。

2. 保险公司和证券公司的盈利模式

保险公司主要向用户推销各种保险，赚取用户的保费。证券公司吸引用户开具股票或者期货账户，赚取手续费。保险公司和证券公司同银行一样，都面临巨大的业绩压力，需要制定各种促销政策以吸引用户，抽奖回馈、赠送礼品等都是普遍采用的活动激励方式。

理解银企渠道的盈利模式，是为了明确该渠道的市场开发机会。企业需要在与银企渠道合作的过程中，举一反三、总结经验，争取更广泛和更深入地合作。

3.8 烘咖渠道：贸易思维才是原材料市场的源头活水

随着市场的不断发展，烘焙渠道和咖啡渠道的融合愈加深入，故此我们将两个渠道统称为烘咖渠道。下面从三个维度对该渠道进行阐述，即渠道画像、渠道规模、渠道的开发机会与技巧。

3.8.1 烘咖渠道的画像与规模

对烘咖渠道画像,能明确其规模特点。因此,营销团队应从画像着手认识该行业。

1. 烘咖渠道的画像

烘咖渠道由烘焙渠道和咖啡渠道两部分组成,经营品类各有不同,画像各具特色。

(1)烘焙渠道的画像。本书中,烘焙渠道仅指烘焙门店,即"面包房"。根据目前市面烘焙门店的经营类型,可做类别划分。

图 3.8-1 所示为烘焙门店的类型。

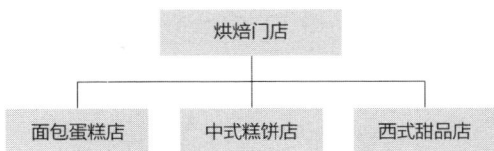

图 3.8-1 烘焙门店的类型

面包蛋糕店主营面包和生日蛋糕,这是受众最广的烘焙食品,占有全国烘焙门店八成的份额。

中式糕饼店主营月饼、鲜花饼等中式传统点心类的烘焙食品,人均消费约在 30 元。近些年许多品牌在做低端消费层向中端消费层的转型升级,转型比较成功的品牌代表是稻香村。

西式甜品店主营起司、乳酪等新式甜品糕点类的烘焙食品,全国大约六成的门店集中在二线以上的经济较发达的城市。

根据 2021 年美团点评消费者画像分析,烘焙行业的消费群体呈现年轻化,全国大约 57% 以上的烘焙门店消费主力人群的年龄在 25~35 岁,其中女性消费群体占比高达 76.9%。

(2)咖啡渠道的画像。咖啡依据消费类型大致分为速溶咖啡、即饮咖啡和现磨咖啡三种。本书中的咖啡渠道仅指向现磨咖啡店。依据我国现有的咖啡消费场景划分，现磨咖啡店大概分为 7 种类型。

图 3.8-2 所示为现磨咖啡店的分类。

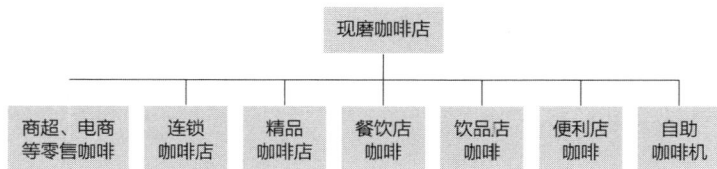

图 3.8-2　现磨咖啡店的分类

以上 7 种现磨咖啡店的消费场景，除商超、电商平台模式的零售场景之外，其余 6 种场景均属于烘咖渠道。但渠道开发的重点应放在星巴克、瑞幸咖啡等连锁品牌咖啡店，以及具有地域特色的主题咖啡店上。

2. 烘咖渠道的规模

烘咖渠道的规模特点主要如下。

（1）烘焙渠道的规模。据美团点评统计数据，截至 2022 年全国烘焙门店数量超过 50 万家，其中面包蛋糕店数量已达到 40 万家。此外，全国已形成连锁经营态势的面包蛋糕品牌已有 100 多家，其中既有本土品牌，也有国外引进品牌。

对相应门店的区域分布数据分析可得出，面包蛋糕店呈现门店多、分布广的特点。例如 2022 年北京有 780 家、上海有 644 家、山东有 615 家、浙江有 591 家、黑龙江有 135 家。

据相关数据，2022 年烘焙行业全年营业收入已达 5634 亿元，人均年消耗烘焙食品量约为 4.4 千克，消耗最旺盛的阶段是早餐时间，我国 14 亿人口中超过 11% 的消费者将面包作为早餐。

（2）咖啡渠道的规模。2022 年我国现磨咖啡店数量已突破 14

万家，极具影响力的星巴克在我国的门店数量为 5400 家，仅占我国现磨咖啡店总数的 2.6%，而国内新兴的咖啡连锁品牌瑞幸咖啡的门店数量高达 6024 家。

除此之外，还有很多极具品牌知名度的连锁品牌，例如漫咖啡、麦咖啡、Costa 等。这些品牌触达人群广、咖啡销量大，在现磨咖啡市场中有一定话语权和影响力，但其市场占比较小。相对占比更大的则是一大批极具品牌特点与地域特色的精品咖啡店。

3.8.2   烘咖渠道的开发机会与技巧

了解烘咖渠道画像和规模后，可以确定烘咖渠道市场开发的重心在面包蛋糕店和精品咖啡店上。企业必须有强大的物流辐射能力、优秀的营销团队和完善的销售网络做支撑，才能满足这两类店铺门店多、区域广的经营需求。

为此，企业应深入烘咖渠道的内部，透过产品去寻找市场开发的机会和技巧。

1.　咖啡渠道的开发

咖啡产品的用料简单，只有主原料咖啡豆与辅料牛奶、奶油、巧克力等成分。图 3.8-3 所示为咖啡产品配料。

图 3.8-3　咖啡产品配料

咖啡渠道应是乳品企业主攻的渠道。目前咖啡渠道做得比较好的乳品企业是雀巢和发喜。虽然市面上从未看到过发喜的乳制品，但其在咖啡渠道有着极高的市场占有率，这与产品的专业性不无关系。

雀巢的全脂牛奶和发喜的纯牛奶，可以在咖啡师的手中打出细腻持久的奶沫。高级咖啡的制作讲求精益求精，每杯咖啡的拉花仿若一件精美的工艺品。例如卡布奇诺的奶泡制作就选用雀巢或发喜品牌产品，脂肪含量在 3.5% 以上的全脂奶或纯牛奶在空气充分注入后形成绵密的奶泡，其口感和牛奶有着天壤之别，是卡布奇诺等花式咖啡的重要组成部分。

B2C 渠道中消费者的购买行为相对来说是随机的，除非出现严重质量问题，一般不需要厂家提供售后服务。而在 B2B 渠道，牛奶只是产品生产的原料，它的采购方式以大批量为主，采购价格和供应链服务体系与 B2B 零售渠道截然不同。想要做好特殊渠道，必须把握B2B 渠道特性，在价格体系的制定、供应链体系的完善、服务意识的加强等方面进行调整。

2. 烘焙渠道的开发机会

烘咖行业的产品不断地更新换代，但不论是技术的传承还是产品的制作，均采用传统的师徒传帮带的方式，师傅会将制作技巧、食材的选用手把手传承给徒弟。例如师傅培训徒弟时选用安琪酵母、雀巢牛奶，徒弟便会一代代传承下去，最后可能使选用安琪酵母、雀巢牛奶成了行业惯例。这也是烘咖渠道的独特之处。企业想要抓住其中的市场机会，只要将行业中极具影响力的头部专家的思想工作做到位，便会达到事半功倍的效果，寻找烘焙渠道的开发机会，必须深入产品本身，透过产品的主要配料去研究、发掘。

图 3.8-4 所示为烘焙产品配料。

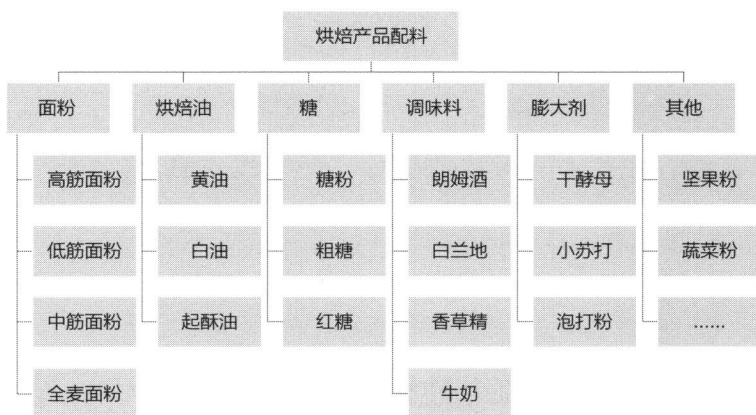

图 3.8-4　烘焙产品配料

企业只有透彻了解产品的配料及其用途，才能窥探到其中蕴含的市场机会，使企业销售代表与烘焙渠道的技术人员进行畅通无阻的交流，同时也能指导缺少专业知识的采购人员按照合乎行业标准的需求精准采购，如此才能得到烘焙专家的认可，进入行业内的采购名录。

例如销售代表听到对方谈论面糊类蛋糕，便应立即想到其主要原料是油脂、糖、蛋、面粉。当烘焙师傅反馈牛奶原料不合乎要求，致使蛋糕组织有空洞，这时，销售代表应在具备足够的专业知识的前提下与对方探讨，排除其他配料问题或者制作工艺问题。

销售代表不一定是烘焙行业的行家里手，但应是烘焙爱好者，或者团队里有成员精通烘焙，否则再好的市场机会也未必能把握住。

销售代表仅懂自己产品远远不够，因为产品是最终结果的一部分。如果销售代表对烘焙行业不了解，就很可能因为遇到瑕疵品或者残次品而无法辨识，因此陷入被动。更重要的是，销售代表和烘焙专家将缺少共同语言，无法建立起良好的客情关系。

当然，如果企业目前的销售代表或者相关人员不具备专业素养，那么企业不妨与烘咖行业的前端门店建立合作，将饮料、咖啡、奶制品等包装食品放置于门店陈列销售。毕竟烘咖渠道的市场足够大，门店前端也足以使企业大显身手。

3.9 通信渠道：新基建构筑新机遇

通信渠道是日新月异发展的领域，尤其在 5G 时代和新基建背景下更是迸发勃勃生机。企业可以透过通信渠道的发展历程，在对 5G 通信产业链和运营商发展趋势的剥丝抽茧中去探寻新基建背景下的新机遇。

3.9.1 通信渠道的发展变化与商机

通信渠道的发展变化折射出国家的发展历程，从 1949 年到 2022 年的 73 年间通信行业经历了从一穷二白到卓有成效、从电报电话到万物互联的伟大转折。

1. 通信渠道的 70 年变化

从 20 世纪 50 年代见信如面的时代，到手机、互联网、5G 网络的时代，通信行业走过了艰辛的发展历程。

科技不断改变生活，每一次通信行业的发展变化都意味着旧时代的结束、新时代的来临。发展必然潜藏着无限的商机，不论是光棒、光纤、光缆等通信组件的迭代更新，还是电报、电话、BP 机、"大哥大"、智能手机等通信工具的更新换代，或是通信技术的大变革，每一步的发展都充满着时代的红利。伴随蓬勃发展的万物互联、大数据、人工智能等信息技术，通信网络成为推动时代前进的赋能者。国家提出的新基建概念正是基于此，这也是政府和社会各界重点关注的领域。

因此，企业进入通信渠道寻求合作机会，便是在拥抱一个崭新的时代，从而获得广阔的发展前景。

2. 5G 通信产业链条分析

普通人对通信行业的了解，停留在中国移动、中国联通、中国电信三大运营商阶段。运营商只是通信产业链条的一部分，5G 通信行业产业链条主要由 5 个重要环节组成。图 3.9-1 所示为 5G 通信行业产业链条。

网络规划设计 → 无线主设备 → 传输设备 → 终端设备 → 运营商

图 3.9-1　5G 通信行业产业链条

（1）网络规划设计，是 5G 通信行业前期的技术研究及网络建设规划，处于产业链的顶端，代表企业有宜春世纪、富春通信等。

（2）无线主设备，又分为核心网、芯片及模组、基站天线、射频器件、光器件／光模块、小基站六个部分，每个部分都有非常优秀的企业代表，例如华为、中兴、爱立信、海思、大唐电信等。

（3）传输设备，又分为光纤光缆、系统集成、IT 支持、增值服务等，代表企业有中兴、华为、爱立信等。

（4）终端设备，主要包括芯片和终端配套两部分，代表企业有麦捷科技、信维通信、中兴、高通等。

（5）运营商。除了衔接产业链条中的以上四个环节外，运营商主要的工作便是对接用户，为用户进行生活场景的创设与运营，代表企业便是被大家所熟知的中国联通、中国电信、中国移动。

通信产业链条的末端便是用户，用户是通信行业的最终受益者。企业若要在 5G 通信产业中寻找机会，可以根据企业的地理位置和经营特点就近选择合适的切入点，通过实践对行业进行深度了解，从而确定合作与否。

3. 运营商的发展历程

在 2G、3G、4G 时代，中国移动、中国电信、中国联通一直处于三足鼎立的平衡发展态势，尽管 2014 年中国广电开始布局 5G 网络和移动通信业务，成为第四大运营商。但在三大运营商的"提速降费""移网＋宽带"、移动互联网霸屏等因素的影响下，普通人看电视的机会越来越少，中国广电的宽带市场发展状况一直不好，因此通信行业的终端运营仍然是中国电信、中国移动、中国联通的天下。

根据相关数据汇总，三大运营商综合得分由高到低分别是中国移动、中国电信、中国联通，而且中国移动的用户总数远远超过中国电信和中国联通的用户数总和，三大运营商的综合实力一目了然。

3.9.2　通信渠道的开发机会与技巧

随着 5G 时代的到来，牌照是电信运营无法逾越的门槛。2019 年6 月 6 日，工信部只给中国移动、中国电信、中国联通、中国广电四大运营商发放了 5G 牌照。所以企业能在这四大服务商中，尤其中国移动、中国联通、中国电信三大运营商中找到自己理想的生态位，并寻找到合作机会，便意味拥有了足够广阔的市场前景。

通信渠道的通信行业与科技企业的发展方向代表未来科技发展的走向，企业在此寻找到合作机会，便做到了与时代发展同步。几大运营商具备一些共性特点，具体如图 3.9-2 所示。

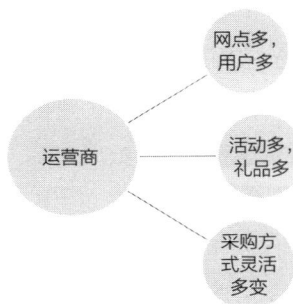

图 3.9-2 运营商的共性特点

接下来对这三大共性进行详细阐述，为企业寻找通信渠道中的市场机会提供参考。

1. 网点多，用户多

中国移动、中国联通、中国电信三大运营商下设的营业网点非常多，据统计，截至 2021 年，网点总数共计 80 332 家，其中：中国电信 20 936 家，占比 26%；中国联通 13 524 家，占比 17%；中国移动 45 872 家，占比 57%。

在三大运营商的用户数方面，截至 2021 年底，我国移动电话用户总数 16.43 亿户，全年净增 4875 万户，5G 移动电话用户达到 3.55 亿户。三家基础电信企业发展蜂窝物联网用户 13.99 亿户，全年净增 2.64 亿户。截止 2021 年 12 月底，中国手机网民规模达 10.29 亿人，全年增加了 4373 万人。

在短视频、直播带货旺盛发展的当下，"小屏"压倒"大屏"成为不可抵挡的发展趋势，人手几部手机已不再是稀奇的事情，这样间接促使几大运营商的市场发展前景更加广阔。

2. 活动多，礼品多

三大运营商为争取更多终端用户，抢夺更大市场，自 2000 年开始便逐步进入激烈的竞争态势，频繁采取各种营销手段抢占市场。常用的促销活动有积分兑换、新户入网和话费有礼，三种促销活动的核心都是赠送礼品，礼品类型多为时尚数码产品、家用小电器、基本生活用品、计算机配件、户外运动用品等。

促销活动的礼品选择完全迎合不同用户对产品的不同需求，产品价值随着兑换积分的变化呈阶梯形，例如 2000 积分可以兑换一桶 1.5 升的食用油，5000 积分可以兑换一个电吹风，10 000 积分可以兑换一台吸尘器。赠送的礼品可以是同类产品不同品牌的，但要注重产品的品牌性与流行性，尽量选择保质期长、易储存的产品。

3. 采购方式灵活多变

三大运营商的采购方式与权限各有不同。中国移动采取基地集体采购为主、省市公司自行采购为辅的采购方式，供应商的选择与确定采用招标的形式进行。

中国联通有内部电子商务采购目录平台，以招标形式确定产品供应商，各省市分公司均可在入围的供应商中自行采购。

中国电信选择基地集体采购与省公司自行采购权限均等的方式。不同之处是：采购基地招标确定的供应商，可以进入内部电子商务采购平台；而省公司自行招标确定的供应商只能与省公司进行直接合作，不能进入内部电子商务采购平台名录。

企业在进行具体业务拓展时，可借助第三方的资源进行业务开发，也就是与通信渠道有合作关系的供应商洽谈商务合作事宜。这种业务形态在整个渠道内普遍存在，可以帮助企业有效突破业务壁垒，提升业务开发的效率，企业只需做好利益分配工作。

此外，有实力的大集团可以与运营商通过资源互换建立合作关系。例如，集团向运营商承诺安排一定数量的人员开户，甚至承诺运营商为员工集体换卡，统一更换为该运营商的电话卡，或者利用双方的销售网络联合进行推广促销活动。

不论是企业与运营商直接合作，还是与第三方间接合作，抑或是联合运营商开展活动促销，都要确保正当竞争与合作，切不可为了争取市场机会而进行不合法、不道德的商业交易行为。

3.10　休闲娱乐：边玩边赚钱才有趣

休闲娱乐领域的涵盖范围非常广泛。严格意义来讲，休闲娱乐领域属于特殊渠道的"其他渠道"。"其他"并非指该领域不重要，而是如若将渠道划分得过于精细，企业无法对每个渠道进行细致透彻的研究，无法在战略层面得出业务开发的优先级，进而阻碍企业业务开发的进程。

3.10.1　休闲娱乐领域及其发展状况

休闲娱乐领域可进行四个渠道的分类，分别是运动保健渠道、刺激娱乐渠道、观赏体验渠道、文化休闲渠道，每一渠道又可分为几个细分领域。

图 3.10-1 所示为休闲娱乐渠道的分类。

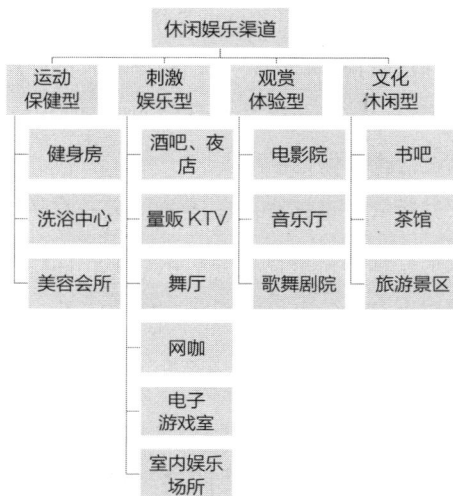

图 3.10-1　休闲娱乐渠道的分类

下面将从四大渠道中各筛选出一个代表展开论述，为企业透过渠道代表的特点和发展现状寻找渠道共性和开发机会提供参考依据。

1. 运动保健渠道代表——健身房

随着居民健康意识的提高，我国已进入全民健身时代，健身运动已掀起热潮，大众为了健康、社交，或是取悦自己，纷纷投入运动健身的大潮，由此催生了一大批健身俱乐部和工作室等机构，可统称为健身房。

依据权威媒体统计数据，截至 2022 年我国健身房门店数量已超过 48 000 家。图 3.10-2 所示为国内健身房区域分布排名。

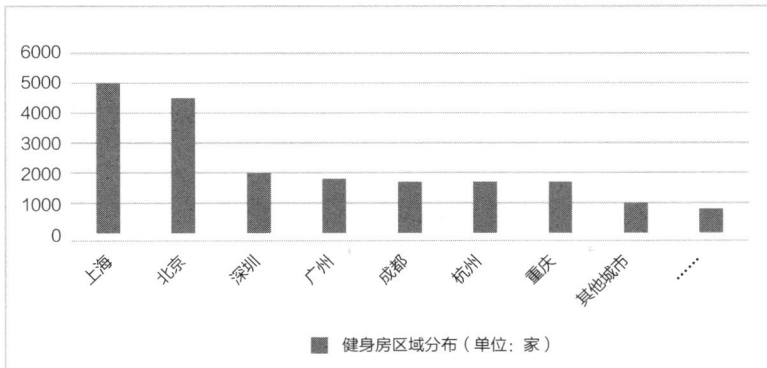

图 3.10-2　国内健身房区域分布排名

国内健身房数量属上海最多，北京次之，经济越发达的地区，健身房的数量越多。图 3.10-2 中只列出了部分城市的健身房数量，还有更多城市未能一一列举。

众多健身房中也不乏很多品牌连锁健身房，依托大数据信息，综合健身房的品牌实力、产品销量、用户口碑等多重因素，排名前列的连锁品牌健身房分别是兆韦德、威尔士、中体倍力等。这些排名前列的健身房企业中，2022 年门店数量最多的仅有 400 家，普遍为 100 家左右。

由此可见，在休闲健身领域，健身房还未形成线下品牌的行业寡头趋势，更多健身房以社区单店的形式运作。

2. 刺激娱乐渠道代表——夜间经济（夜店）

夜间经济是现代城市业态之一，指从当日下午 6 点到次日早上 6 点所包含的经济文化活动。本书中的夜间经济仅指夜间经济线下的相关行业，例如各类夜市、商场、演出、量贩 KTV、酒吧、大排档等。

　　夜间经济渠道蕴藏着极强的消费能力，尤其量贩KTV和酒吧，呈现出旺盛的生命力。量贩KTV和酒吧全国分布表现为"南强北弱"的形式，例如截至2022年，全国酒吧的总数量已达6.45万家，数量最多的城市是成都，拥有酒吧3310家；上海次之，有2928家，榜单中唯一的北方城市则是排名第三的北京，酒吧数量为2372家。

　　图3.10-3所示为全国酒吧城市分布数量排名。

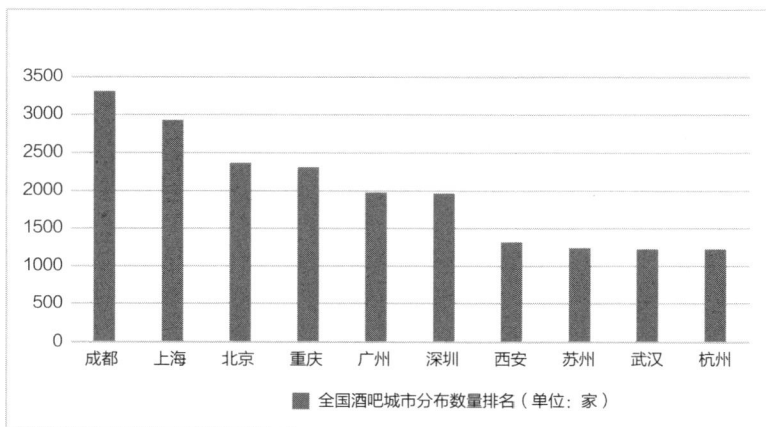

图3.10-3　全国酒吧城市分布数量排名

　　量贩KTV自20世纪90年代在国内发展以来，涌现多个连锁的头部品牌如宝乐迪、好乐迪、钱柜、大歌星、欢乐迪、放糖等。酒吧文化则是随着改革开放的不断深入，逐渐被年轻消费者所接受，如今依然处在旺盛发展的时期。酒吧文化极具各地区域特色，暂未形成有影响力的全国连锁品牌。

3. 观赏体验渠道代表——电影院

　　电影产业一般由电影制片方、电影发行方、放映方院线、电影院等部分组成。若按照商业模式解读电影的运作，电影制片方如制造工厂，电影发行方类似于代理厂商，放映方院线就像品牌不同、模式相同的"连锁店"，电影院则像商品的零售商。

据专业平台数据，截至 2019 年底全国电影票房总金额已达到 641 亿元。其中，国产影片票房 410 亿元，占总票房总数的 64%。票房排名第一的省份是广东，票房总数为 89.05 亿元；江苏次之，票房总数为 59.92 亿元。图 3.10-4 所示为全国电影票房省市排名。

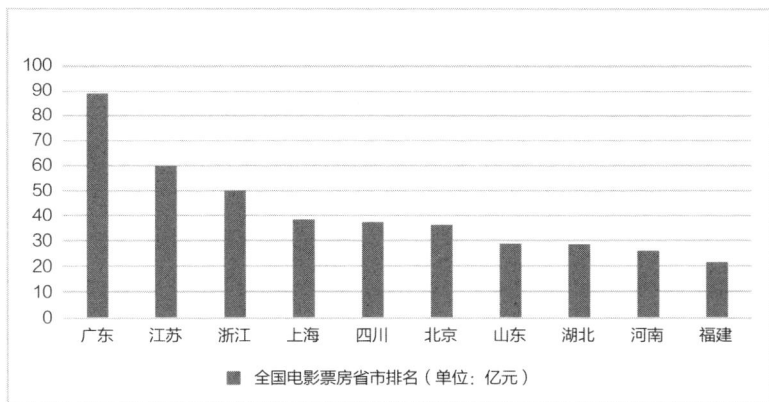

图 3.10-4　全国电影票房省市排名

全国票房排名前十省市票房总金额占总票房金额的 64.91%，电影院渠道的主要市场在南方城市，而非多数人印象中的文化中心北京。

企业还应从票房的角度对院线加以分析。据统计，票房前十名的院线依次是万达、广东大地、上海联和、南方新干线、中影数字、中影星美、金逸珠江、横店、幸福蓝海、华夏联合。排名前十的院线票房汇总金额占票房总金额 67.68%。

图 3.10-5 所示为 2019 年院线票房排名。

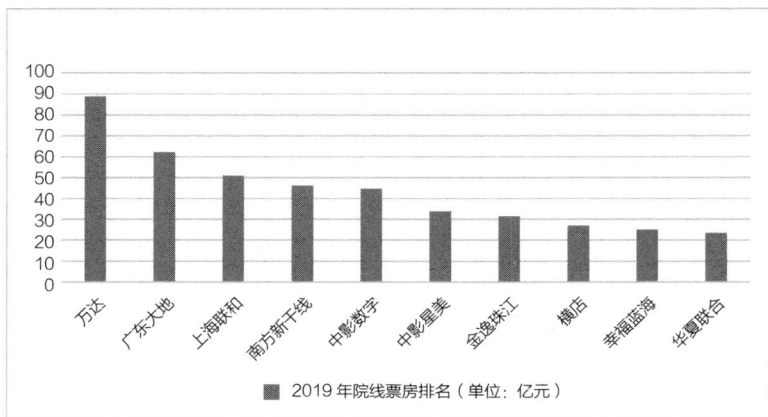

图 3.10-5　2019 年院线票房排名

最后再对院线的数量进行排名。图 3.10-6 所示为 2019 年全国院线数量排名。

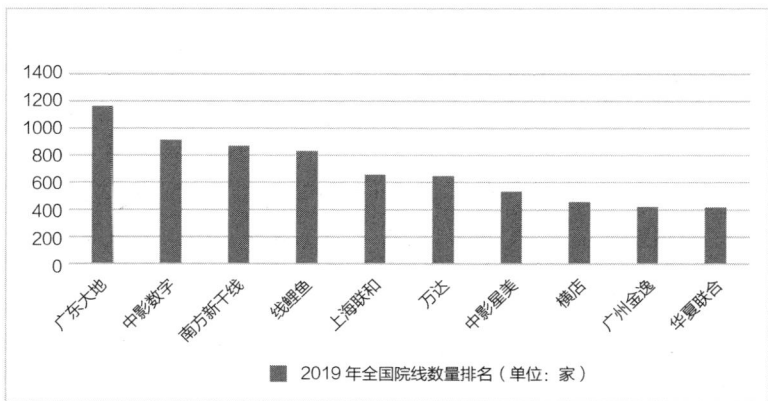

图 3.10-6　2019 年全国院线数量排名

图 3.10-6 只列出了全国院线数量排名前十的品牌，其占全国影院总数的 58.17%。颇具影响力的品牌未被列入，例如，四川太平洋院线、北京新影、中影南方、武汉天河等。

企业可以从不同角度对电影渠道进行细致全面的解读,为开发电影院渠道提供一定参考价值。

4. 文化休闲渠道代表——旅游景区

经过多年的探索与发展,旅游业已成为我国第三产业的龙头产业,是消费结构转型极具代表性的产业,直接推动了旅游景区和旅游城市交通、酒店、餐饮产业的发展。随着对旅游产品潜能的持续挖掘,旅游产业在未来仍将具有良好的市场发展态势。

据统计,全国 A 级以上旅游景区共计 12 402 个。旅游景区依据功能划分可分为参观游览、休闲度假、康乐健身等几大类,根据产品特质分为文化古迹类、风景名胜类、自然风光类、红色旅游类。

我国有很多典型的旅游城市,例如三亚、敦煌、丽江、黄山等。图 3.10-7 所示为 2019 年全国旅游城市热度排名。

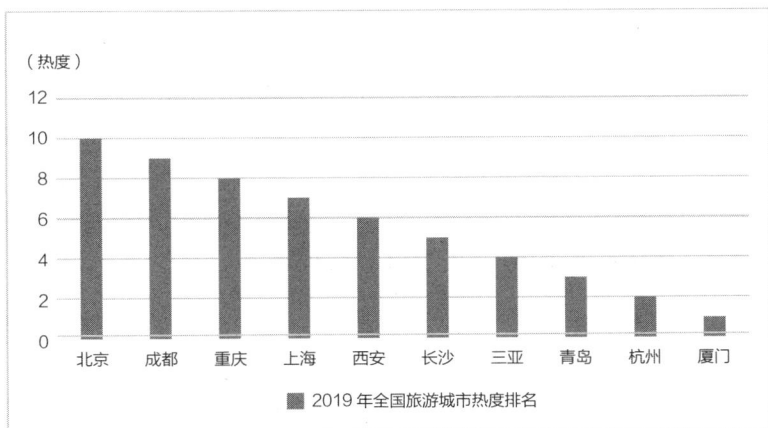

图 3.10-7　2019 年全国旅游城市热度排名

据权威媒体对 2019 年全国所有城市旅游收入汇总发现,北京以3.22 亿人次、总收入 6224.6 亿元居所有旅游城市收入之首,占全年旅游总收入的 17.6%。

图 3.10-8 所示为 2019 年全国城市旅游收入排名。

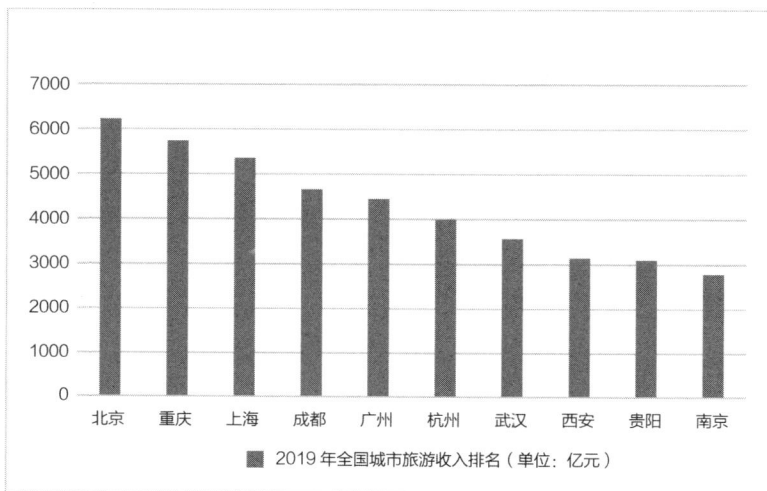

图 3.10-8 2019 年全国城市旅游收入排名

旅游景点每到法定节假日，便会出现人满为患、车辆拥堵的状况。企业如若能找到合适的切入点，进行旅游产品的开发，可能会有不错的营销前景。

3.10.2 休闲娱乐领域的开发机会与思路

企业可以以上述四个渠道代表为主线，深度剖析休闲娱乐领域的经营模式，为寻找其中的市场开发机会和思路提供参考。

1. 运动保健渠道代表——健身房

健身房的品牌较为分散，未能形成品牌连锁经营态势。虽然店铺的规模不同，但获得的生意机会是相同的，特别是对于健身房众多用户中有减肥塑身需求的群体，私教发挥着重要的零售经济带动作用。

私教除了指导会员或学员进行减肥塑身的训练，保持良好的心态，增加适当的运动量和减少久坐、久躺的情况之外，重点指导其通过控制饮食达到减肥塑身的效果。私教甚至会帮助会员或者学员拟定长期的健康饮食计划，尤其是减肥塑身训练期间的饮食计划，这为很多企业创造了销售机会。

例如，脉动便在全国各城市的健身房进行了冷柜投放和吧台陈列，为健身房的店员和教练制定了推广激励计划。这一系列的操作让健身房的用户在健身教练和店员的指导下，了解并认同运动前后喝脉动是理想的选择，同时还能在第一时间喝到脉动。

部分厂家针对健康运动、减肥塑形群体的身体特征和运动诉求，推出了更适合运动一族使用的定制化产品。

健身房除了通过店内推广和教练推荐向用户销售辅助的运动产品之外，还会以购买会员卡就赠送产品的方式进行联合推广。健身房的主要运营模式就是发展会员并销售会员卡，因此企业不要小看购卡就赠产品的形式。同时，企业与健身房的这种合作形式可以摆脱消费场景的限制，与线上平台 Keep、步多多、悦动圈等展开合作也是不错的选择。

2. 刺激娱乐渠道代表——夜间经济（夜店）

量贩 KTV 和酒吧在销售模式方面有着共性，以向顾客销售酒水为主要盈利手段。量贩 KTV 和酒吧一般会请入驻推广酒水的厂家提供高昂的进场费用和专职的酒水推广人员。

企业与量贩 KTV 和酒吧合作，必须具备超强的资金实力和公关能力，能够轻松处理合作过程中诸如合同履行难、结款难度大、账期长等问题。

量贩KTV和酒吧虽然有其独特的行业特点，但却是利润丰厚的大市场，于是在巨大的利益驱动下催生了一批专业的"夜店"供应商。其与量贩KTV和酒吧有固定的合作模式，一种是专场供应，另一种是某类型的酒水主场。

专场供应是指所有的酒水均由固定的供应商提供。月底量贩KTV和酒吧按销量向供应商返还部分盈利，但供应商必须缴纳巨额的入场买断费用。

酒水主场，是指量贩KTV和酒吧的酒水（一般仅限啤酒）由某品牌的厂家代表和当地代理商供应。这种方式有效地提升了啤酒厂家的市场占有率，但是盈利空间较小，有的代理商只赚取少量的配送费用。

即便如此，这样的渠道资源也只掌握在少数人手里。每个城市进入夜店的啤酒品牌各不相同，多以当地品牌为主，企业可以按照品牌线找到具备夜店渠道资源的供应商。

夜间经济具有市场规模大、销售利润高等显著特点。企业想要在夜间经济中分一杯羹，必须对本行业有深入了解，具备在夜店渠道中经营的运作能力及强大的经济实力，如若这些都不具备，那么与第三方代理建立合作关系将是较好的选择。

3. 观赏体验渠道代表——电影院

电影院渠道由电影制作方、电影发行方、放映方（院线）、电影院四部分组成，每部分都有不同的运作特点和盈利模式。

（1）电影制作方。主要营业收入为不低于影片票房40%的电影版权销售，次要收入由电影的电视播映权、音像版权和电影衍生产品等几部分构成。电影衍生产品是指电影植入性广告、贴片广告、公关活动广告等。

（2）电影发行方。主要营业收入为与制片方共享电影票房的40％分账。目前，电影发行方对国产影片一般有票房分账和票房买断形式，进口影片只有票房分账形式。此外，发行公司还可通过电影广告代理、影片销售及相关中介代理获取收益。

（3）放映方（院线）。运作模式类似于不同品牌影院的连锁店，院线的主要工作内容是向各个电影院提供片源、在电影上映期间为影院提供影片宣传品和宣传活动等。主要收入为票房分账的7％~10％。

（4）电影院。电影院一般归属于一家院线公司，向这家院线公司缴纳相应的片租和管理费。电影院获得票房分账的50％左右。次要收入来自餐饮、广告、爆米花、饮料等，以及电影衍生品的售卖。售卖方式采用陈列销售、观影前广告片、联合促销（与电影票捆绑、与爆米花捆绑）等三种主要形式。

品牌影院采取由同一院线品牌统一谈判进店的模式，采购权归院线市场部经理或零售部经理。地方影院则由相关的管理公司负责影院经营和产品销售。

在与电影院合作过程中存在两种常见现象：一是影院快消品售价偏高，影响产品的销售流转率；二是影院无库房，配送频次多，企业需要承受巨大的配送压力。

4.　文化休闲渠道代表——旅游景区

旅游景区除了景区门票和旅游基础设施的收入之外，其余收入来源于旅游衍生品开发和陈列销售，以及餐饮的销售。旅游景区的采购决策关键人主要是当地旅游局和旅游公司。

如若旅游景区不是全国极具影响力的旅游品牌，那入驻的旅游产品需要尽可能与当地特产挂钩，争取当地政府的支持和旅游局的推荐。精耕当地的旅游资源和渠道，提升外地游客的旅游体验，这是企业与旅游景区合作的较好方式。

第 4 章
如何做好大企业渠道管理与运营

　　尽管大企业具有相当的规模和实力，但增量渠道成员并不会因此就高度自觉自发地合作。由于商业性质，几乎每层渠道代理成员都会各自追求自身利益，这很容易致使渠道总绩效降低。因此，大企业只有通过对管理渠道方式的革新，促使追求不同利益的渠道成员相互合作，才能实现渠道的良好运作。

4.1 大企业渠道管理的价值与关键

大企业渠道管理，是指大企业作为渠道源头而让渠道其他代理商正确履行职能的工作。大企业渠道管理权力的正确运用，对有效管控渠道的总体运作，积极提高效率并最终实现渠道目标，具有关键价值。

4.1.1 大企业渠道管理为什么如此重要

大企业的渠道管理工作之所以重要，是因为大企业具有领导渠道的能力。从本质而言，大企业正是凭借这种能力，从而在渠道中扮演着最高影响者的角色，但大企业并非通过行政层级来控制渠道，而是借助渠道管理的过程来影响、激励和指导各层级渠道代理商执行任务。

在任何营销渠道中，真正的渠道领导者都不会自行出现。尽管每家企业都是自身营销渠道的源头，并能对渠道代理商行使权力，但这样的企业并不一定都是渠道的领导者，其行为也并不一定都会发挥重要影响力。这样的渠道虽然也能运行，但很难高效运行和具有强大的竞争力。因此，无论企业规模有多大，想成为渠道领导者，都要通过管理实现。

大企业可以利用管理工作的不同层面，跃升为渠道真正意义上的领导者。图 4.1-1 所示为大企业渠道管理的价值。

图 4.1-1　大企业渠道管理的价值

大企业渠道管理的价值如下。

1. 渠道指导

大企业应通过指导行为，将应对市场变化的决策传递给渠道内所有代理商。由于渠道并非企业本身的组织构成，因此企业需要使用洽谈、请求、说服、谈判等方式指导代理商。当情况需要、环境适合时，企业也应使用命令方式。

2. 渠道沟通

大企业需要通过沟通，才能更好地传达自身观点，以向代理商提出建议、意见和决定。因此，大企业需要借助渠道沟通，营造良好的渠道氛围。这是渠道管理另一层面的重要价值。

3. 渠道源头

大企业要利用对代理商的管理，让整条渠道追随自己，协同实现目标。渠道源头的价值包括如下方面。

（1）设计价值。大企业通过渠道管理，能精准设计渠道目标、结构，并选择渠道代理商。

（2）风险分解价值。利用渠道管理，大企业可以合理分解风险，即借助利益的分配来将自身不必要承担的风险责任转移到渠道代理商身上。

（3）榜样示范价值。在渠道管理中，大企业能运用示范行为，带动渠道成员成长。

4. 渠道激励

渠道激励是指企业对渠道代理商的参与积极性加以激发调动的行为。通过管理工作，企业可以利用利益吸引、制度约束和风险划分，让渠道代理商的参与动机得以不断增强。他们的动机持续得越久，为实现渠道目标而努力的程度就越高。

4.1.2　大企业渠道管理的 7 个关键

大企业渠道管理成功的关键，在于确定渠道成员后，利用吸引他们的优惠政策和措施，在保持渠道代理商稳定基础上，不断吸引更多优秀渠道代理商加盟。事实证明，当大企业渠道管理保持高效时，渠道代理商就会主动维持伙伴关系，使整个渠道形成战略同盟关系。

如何吸引优秀渠道代理商加盟？

1. 关键销售政策

销售政策是否能吸引渠道代理商的关注，并不完全取决于企业规模有多大，而取决于区域政策、服务政策和专项政策。

（1）区域政策。企业应根据产品生命周期、市场需求分布、自身生产特点，设定不同区域市场的开发次序、时间和策略。企业需要针对不同销售区域特点，提出不同政策来满足区域代理商的需求。

（2）服务政策。企业既要规范渠道代理商的服务项目、内容和操作流程，也要积极提供培训、工具、设备等资源，必要时还应建立服务质量监督和奖惩机制，体现销售服务支持政策。

（3）专项政策。企业应鼓励渠道代理商对所销售产品实行专人负责制，并对专业人员进行培训，根据其优秀表现给予奖励。

2. 关键价格政策

企业提供给渠道代理商的产品价格高低或佣金多少，会影响到企业自身和渠道成员的投资收益，同时也关系到最终客户的购买数量。因此，在价格政策方面，企业应给予渠道代理商适当的转售定价权，即允许其在何种价格幅度内将产品销售给最终客户。转售定价权制定得科学、合理，才能有效提高渠道管理水平。

3. 关键供应政策

企业应确保利用供应政策，提升渠道代理商的收益，保证其代理积极性。尤其作为大企业，产品生产数量多、效率高，供应政策更容易影响渠道管理的效率。

（1）备货政策。备货政策是指企业对销售渠道内部规定的单位存货量，即门店或机构应持有多少数量存货来满足一定期限内的市场需求。备货数量太少，则最终客户购买需求经常无法满足；如太多，则渠道代理商的利益受损。因此企业需要设定客观、精准的备货政策。

（2）产品和服务质量。企业不仅要保证产品质量合格，还要确保渠道代理商为最终客户提供的服务质量。例如，企业应给予渠道代理商适当的产品退换货权力，保障渠道代理商主动承诺、服务的能力。又如，企业对有瑕疵的产品，应给予明确的退换程序规定，也要夯实在不同环节保证产品质量的责任。

4. 关键支付政策

企业应对支付政策内的关键事项予以规定，包括货款支付延迟期限、延迟支付比例等。此外，企业还应对渠道代理商延迟支付情况下应承担的代价予以规定，如相应补偿、法律责任等。

5. 关键铺货政策

企业可以制定向重要渠道代理商提供一些产品而无须马上付款的政策，提高渠道成员长期代理积极性，这种政策称为"铺货"。铺货政策包括铺货条件、最高铺货水平、铺货考核标准、货款回收条件等。

6. 关键配送政策

产品销售带来渠道内部的价值流动。因此，渠道中每个门店的产品都需要不断由企业配送补充。如果大企业销售的是中央空调、冰柜、床垫之类的产品，还需要专业人员送货上门安装和测试。为此，企业的配送政策应鼓励渠道代理商能承担不同情况下的配送职能，并就相关问题如设备投资、租金分担、人员费用、信息沟通、配送程序、责任承担、货款垫付等做出政策性规定。

7. 关键奖励政策

大企业对于渠道代理商在履行分销职能过程中的积极表现和重要贡献，应给予应有奖励。奖励方式包括物质奖励和精神奖励两种。其中，物质奖励包括支付奖金或实物，精神奖励包括给予荣誉头衔、提高信用额度等。这些奖励政策的内容和实行，应有明确规定，以便贯彻落实。

4.2　大企业渠道运营的项目制管理模型

项目制管理模型，源于对集团性大企业和大品牌特殊渠道运营模式的修正。集团性大企业的项目制管理模型，是特殊渠道运营模式的

3.0 版本，能大大提升大企业特殊渠道管理部门的运营能力，提高业务拓展效率。

4.2.1　项目制管理模型发展的三个阶段

为深刻理解项目制核心要义，需要了解特殊渠道的发展历程，即项目制管理模型提出的背景。事实上，基于特殊渠道，很多企业和经销商都在不断寻求"破殊"。尽管各大企业对特殊渠道的理解程度与开发能力参差不齐，但大企业对特殊渠道的发展、管理和运营，基本都经历了三个阶段。

图 4.2-1 所示为特殊渠道的三个发展时代。

图 4.2-1　特殊渠道的三个发展时代

1.　蛮荒时代

这一阶段，社会对特殊渠道的认知仅停留在"做团购就做特殊渠道"。这一现象产生主要是因为企业缺乏特殊渠道的人才，以及特殊渠道的开发缺乏系统性指导。企业依赖代理商在特殊渠道上进行突破，然而代理商对特殊渠道市场的了解程度却并不比企业高，对特殊渠道的拓展缺乏周密考虑。虽然从结果看，代理商的业务开发会比总部更有效，但这些订单完成主要依靠代理商在当地累积的资源优势。业务完成是非系统性的业务拓展。企业看重代理商当地社会关系，对代理商的业务分配主要根据自身喜好亲疏，而非代理商的销售能力。这直接导致企业对代理商管理混乱，也加深了"特殊渠道销售等于熟人经济"的错误观念。

在特殊渠道发展的蛮荒时代，企业尚未探索出特殊渠道销售规律，市场开发进度缓慢，也一定程度上破坏了市场秩序。

2. "坑位"与"山头"时代

大企业不断发展，对特殊渠道的认识也在迅速加深。从企业到代理商都有意识将特殊渠道向分类管理转型，不再过于宽泛地进行推销，而是针对渠道进行分类。在这一阶段，很多优秀企业都明确了自身的特殊渠道。例如，王老吉重点突破餐饮渠道，农夫山泉重点突破酒店渠道，汇源重点突破航空渠道等。企业在寻找适合自身的"坑位"和"山头"，业务发展不再"四处扫射"，而是精准命中。

3. 头部经济时代

前两个阶段以代理商和一线团队为主市场，在第三阶段，企业的特殊渠道管理团队开始和区域团队共同进行业务开发。前者拿下业务后，再指导区域团队进行业务细分落地。

例如，某牛奶企业与万豪酒店谈成合作，企业总部将万豪酒店的采购需求进行了业态分家和区域分家。

（1）业态分家是指不同细分产品由不同部门进行管理，例如冰激凌采购交由冰激凌部门负责，含乳饮料采购业务交由含乳饮料部门负责。

（2）区域分家指不同区域负责各自区域的业务订单。例如山东大区业务由山东大区负责部门进行统筹，将订单细分至具体城市的经销商。

在业态分家和区域分家中，先由总部与总部对接，再由总部给区域赋能。

4.2.2　项目制管理模型的"2 划 1 立"

全国统筹和目标管理,是特殊渠道管理效率提升的两大核心。缺少两者,企业开拓业务就会没有计划性,变成碰运气式拿订单,而非系统性发展。为了加强全国统筹与目标管理,企业需要建立"项目制管理模型"。

项目制管理模型也被称为"2 划 1 立"模型。图 4.2-2 所示为"2 划 1 立"模型。

图 4.2-2　"2 划 1 立"模型

1.　划界

最早的渠道划分使用"其他划分法",即除现代渠道(大卖场)、便利店、传统渠道(食杂店)外的渠道都是特殊渠道。这种笼统的划分方式导致销售渠道的三不管地带出现,不利于企业对渠道的整体管理。

如前文所提,销售渠道按照终端客户的活动轨迹进行空间划分,其可划分为生活空间、工作空间、休闲空间。其中,工作空间与休闲空间归属于特殊渠道。

2.　划线

基于专业性考虑,在空间划分的基础上按行业进行划分,做到"一团队一行业",定制"专业化"路线。

根据行业和业务特点,市场共划分为若干个渠道,每个渠道至少代表一个行业,分别是医疗渠道、企业渠道、交运渠道、酒店渠道、餐饮渠道、通信渠道、银企渠道、烘焙渠道、娱乐休闲（影院、咖啡馆、夜店）等。空间划分结合行业划分，可以厘清渠道边界，也可以为项目制管理奠定基础。

3. 立项制

立项制是指企业每年制定业务开发计划，对计划开发项目进行立项，追踪和考核项目，纳入团队与个人绩效范围。未在立项范围内的项目获得良好业绩，企业也应对团队与个人给予奖励，但不能冲抵立项项目的项目开发任务。

实施立项制需要注意以下关键点。

（1）明确目标，发挥项目带头人作用。立项应进行分级分类。例如立项可分 A、B、C 三种类型，总部立项项目为 A 类项目，主要抓头部项目，例如与国际或全国类企业相关的项目，由总部进行开发。

区域立项项目设定为 B 类，按照目标企业的总部所在地，做区域归属划分。例如酒店渠道中，湖南区域立项华天酒店、浙江大区立项开元酒店等。

代理商立项项目设定为 C 类，比如，银川代理商立项九州国际、西安经销商立项国际会议中心等。

大企业的每个渠道负责多个项目，最终形成宏观管理分类体系。

例如，某大企业在 2020 年内，在 10 个渠道中共立项 2200 个项目。从项目类型角度划分，A 类项目 98 个、B 类项目 200 个、C 类项目 1902 个。从分渠道立项角度划分，酒店渠道 70 个、交运渠道 40 个等。从分区域立项角度划分，湖南大区 30 个、江西大区 42 个、河南大区 36 个等。从重点市场角度划分，昆明经销商 7 个、宝鸡经销商 5 个、大连经销商 9 个、广州经销商 20 个等。

　　企业从不同层级加强目标管理，做到全国统筹、目标明确、目标责任精确到人。

　　（2）倒逼运营，完善提升市场服务体制。企业在明确渠道管理目标后，应从财务预算、考核指标、激励机制、供应链布局等方面全方位提供支持目标的服务。例如预算管理，不应再采用资金申请制，而是将预算资金和项目目标同时下发至目标区域和目标代理商，保证专款专用。考核和激励指标，也同样应围绕项目目标设定，企业总部严格制定项目完成计划，把控进度节奏，将责任精确到人。企业团队则需要树立项目意识，仿效工程项目，如同建筑盖楼，何时打地基，何时封顶，何时交付，都应严格按照项目工程进度把握节奏。实施项目制的目的，正是通过项目划分来带动整个运营体系的改变。

　　（3）档案管理，构筑逐年向上台阶。企业档案中确立重点科目，例如项目名称、立项时间、要求交付时间、拜访记录、合同签订、归档编号、合同编号（账期、到期时间）、进店照片、送货单单号等。企业应利用文件管理推动项目进程，做到精细化管理。

　　企业只有从战略高度出发，做到"一渠道一行业，一行业一立项，一行业一研究"，才能做好全国统筹和目标管理，为实现目标创造充分可能。

4.3　大企业渠道运营的"三八线管理"

　　大企业具备自身规模大、品牌影响大、资产多等优势；缺点则是内部结构复杂，团队协调困难、效率低下等。本节将针对"大企业病"提出管理方案，即在企业内部之间、企业与渠道之间建立"三八线管理"模式。

为帮助理解，本节将基于实际渠道运营场景，对"三八线管理"模式的必要性以及具体管理方式进行解析。

4.3.1　大企业渠道运营的场景模拟

国内某知名乳品企业 A 集团，年销售额 500 亿元。企业经营业态分为冰激凌事业部、液体奶事业部与低温事业部。企业内部营销管理架构层级为典型的金字塔结构。图 4.3-1 所示为 A 集团营销管理架构。

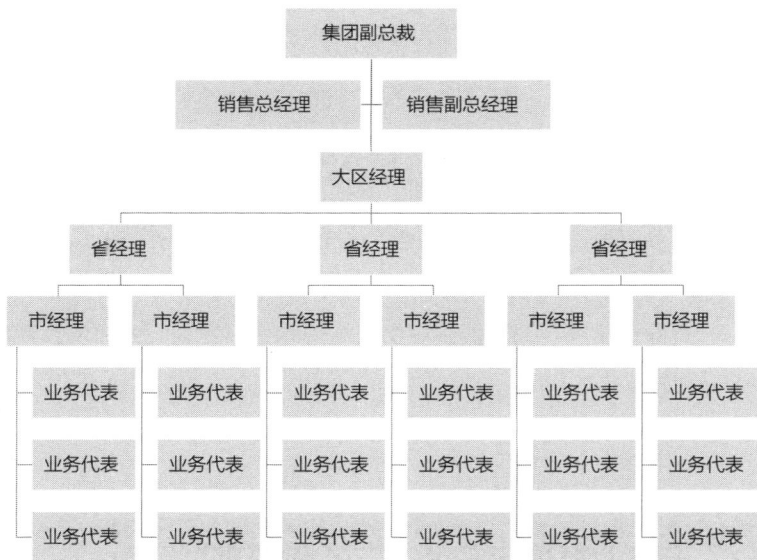

图 4.3-1　A 集团营销管理架构

企业具体营销架构节点，主要包括集团副总裁（兼事业部总经理）、销售总经理、销售副总经理、大区经理（负责 2 ~ 3 个省）、省经理、市经理（负责一个城市）、业务代表（负责乡镇或一个渠道，例如大卖场）等。从顶端到底端共七层营销架构，共计营销团队员工 5000 人。

其中，企业区域网络布局为"分公司 + 经销商"模式，省会以及个别沿海城市采用分公司模式（集团控股），其他区域采用代理制。

A 集团则设为 3 个事业部，以联合外部经销商。图 4.3-2 所示为企业的四大经销体系。

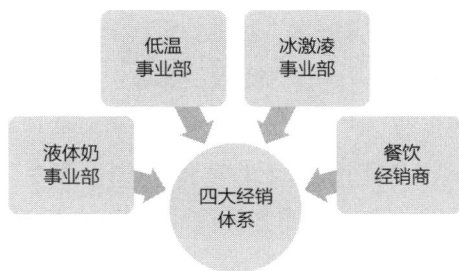

图 4.3-2　四大经销体系

分公司层面原本的区域代理模式覆盖范围较广，即单一代理负责整个区域的业务开发与推进。例如，德州区域代理负责德州地区所有事项。当然，后期为细化管理，也可将区域进一步细致划分。如德州原本为独立的一级区域代理，随着市场发展，企业总部后续将德州下属县城区域分离出来，享有与德州同等市级代理资格。

区域代理细化导致经销商数目激增，最高峰时，液体奶事业部有 1400 个经销商，低温事业部有 800 个经销商，冰激凌事业部有 500 个经销商。三大事业部外有 300 个餐饮经销商，归属特殊渠道管理。经销商共计 3000 个。

解读以上信息，需要重点明白事业部制、销售管理架构、经销商概况，特殊渠道开发必然依附于 A 集团现有的庞大企业生态，不能违背。实际上，不仅该企业如此，其他传统的大型企业都如此。

随后将以 A 集团为例，对特殊渠道的开发与运营中会遇到的问题，分为四部分进行逐一说明。其中主要包括总部与大区的分工、团队与经销商的分工、兼营与专营的分工，以及不同类型代理的分工。

4.3.2　大企业渠道运营的总部与大区分工

企业的渠道运营重点，离不开在总部与大区之间做上下分割"手术"，其目的不仅在于避免分工不清、责任不明等问题，还在于消除"总部易、大区难"的不公平、不科学现象。

什么是"总部易、大区难"？在传统的渠道运营工作中，总部人员将更多时间、精力用于做向下的要求与追踪，甚至有时还会有个别人员采取"拿来主义"，拿着大区的业绩直接向上汇报。对企业而言，这就导致两类问题现象的严重泛滥：一是开发区域的重任全部压到大区头上；二是总部人员离市场越来越远，偏重管理，弱化经营。

为解决上述问题，"三八线"的制定势在必行。其具体划分方法，不妨以某 A 集团对航空渠道的渠道运营案例来说明。

A 集团"三八线"方案明确规定，由总部团队负责国航、南航、海航、东航的渠道开发，并以立项的形式纳入绩效考核，发挥"总对总"的资源优势和平台对等优势。由大区团队负责区域开发的立项项目包括山东航空、四川航空、春秋航空等区域航空公司。在这样的方案内，渠道开发半径最短，管理成本最低。此后，A 集团不仅针对航空渠道，对其他的九个渠道也同样按照以上方式，以项目的方式把总部与大区团队的职责分工全部明确下来。由此，不仅进一步厘清了总部与大区业务，还确保全部销售人员回归业务本身，真正"走出去，谈业务"。

在许多大型企业内，有人在客户经理的岗位上却做着内勤行政的活，导致直接对接市场和客户的人越来越少。类似现象如果出现在其他渠道，可能弊端并不明显，但考虑到特殊渠道本身团队配置就少，那业务推进就会非常困难。正因如此，用"三八线"方案划分总部和大区的权责，可谓势在必行。

4.3.3　大企业渠道运营中团队与代理商分工

企业营销团队与代理商之间，容易出现"团队易，代理商难"的矛盾。企业配置营销团队，最终有意无意都会倾向单纯的管理，而实质性的业务拓展压力则会导向代理商。究其原因：一是企业营销团队负责传达总部指令，不太顾及代理商实际情况；二是代理商处于产业链末端，靠上游吃饭，处于"被管理"的产业链地位。因此，企业总部、大区团队都习惯了向代理商下达指标，若指标无法完成，轻则点名批评，重则取消费用报销，外加销售考核加以惩罚。因此，有人将代理商形象比喻为夹心饼干，上受制于厂家，下受制于终端。然而，企业要与代理商合作、开展业务，就不能让代理商独自承担业务压力，相反，企业的营销团队与代理商必须明确分工。

从管理角度来看，企业营销团队有代表总部管理代理商的权利，同样也有服务代理商的义务，以及做表率的责任。营销团队与代理商如何进行科学分工？以 A 集团的餐饮渠道管理为例加以解释。

针对品牌餐饮，主要由企业营销团队完成业务拓展合作与立项，例如海底捞、肯德基等全国或国际连锁品牌由企业总部团队负责，巴奴火锅、南城香等则由其对应大区团队进行开发。大众餐饮则由代理商率领团队完成开发，此处的大众餐饮通常指城市单店，例如饺子馆、大排档、烧烤摊等。

但 A 集团同样规定，面临以下两种特殊情况时，渠道运营由代理商负责。

情况一：本市内的连锁餐厅，也被称为城区连锁。例如某酒楼在本市有 5 家店，但在本市之外没分店。这种情况由代理商负责。

情况二：总部设在本市的小型连锁餐饮，也被称为外溢小型连锁餐饮，跨市有店，本市店面占比 70% 以上。这种情况也应由代理商负责。

由于区域经销商在本区域有团队、车辆、当地社会关系的优势，这两类连锁餐厅也应归区域代理商负责。

4.3.4　大企业渠道运营中兼营与专营分工

兼营指某一业务仅为营销团队的"副业"，营销团队并不会投入主要精力与资源推动业务。A 集团位于华南的某代理商希望与北京某集团合作，但在目前的经销体系下，液体奶事业部北京大区团队有希望与某集团合作。但液体奶事业部北京大区团队对此项目兴趣不大，因为其液体奶在卖场、便利店的销量已达 10 亿元，若达成合作，仅有 1000 万元营收。

在本案例中，液体奶事业部北京大区团队的资源运用，均以服务主营业务为主，对特殊渠道仅"捎带"投入而已，这就是所谓的兼营。兼营很容易导致有资源的团队不想做某些项目，而想做项目的团队又没有权限和资源。

实际上，A 集团的渠道代理商多达 3000 个，但他们都兼营特殊渠道。

相比之下，专营则指代理商重视特殊渠道的业务，如代理商只做北京区域的特殊渠道代理。

专营与兼营的划分如果不清晰，就会出现"业务打架"的问题。

因此，从管理角度而言，企业需要划出"三八线"，明确专营和兼营界限。原则上可以规定专营渠道具备客户开发优先权，在规定时间内未完成开发任务，则开发权失效，开发权自动回归企业总部，企业可再分配，再授权。

企业在"三八线"管理中应注意三个重点。

（1）企业需根据业务追踪跟进情况，酌情延长客户开发权。

（2）专营渠道代理有效期内，总部可协调兼营渠道做专营客户的分销。

（3）具有战略意义的项目，从立项到确定结果至少有一年的周期。总部可以做管理干预，为专营渠道替换新项目，确保战略上的正确。

4.3.5　大企业渠道运营中不同类型代理的分工

特殊渠道对社会资源高度依赖，一味发展区域代理有悖于渠道特性。例如，单个代理商无法具有整个北京市的市场资源，即便北京作为首都自有其特殊之处，但在类似周口、张家口的任何一个地级市，单个代理商也很难做到覆盖全城客户资源。

面对数量庞大的客户群体，只有一级代理和项目代理制，才适合特殊渠道的网络布局。所谓一级代理制，即走专业化路线，或一项目一代理，或一行业一代理。项目代理制更好理解，即一项目对应一代理。

一级代理和项目代理统称为"专属代理"。专属代理通常来说比兼营代理更专业，也比区域代理更有价值属性和专业性，因此也被称为资源型代理。资源型代理与区域代理分工较为简单，资源型经销商可以不受区域限制，不受渠道类型限制，相当于特派员，辅助集团攻克一些战略性项目，享有特权。

企业布局经销网络，要组合使用三种代理方式。图4.3-3为三种代理方式。

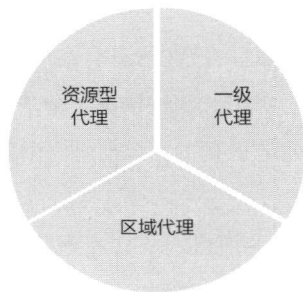

图4.3-3　三种代理方式

对不同类型代理之间的客户划分，企业应在布局阶段就完成，或者在招商阶段就完成不同类型代理之间权限分配的工作，以免未来业务混淆，代理之间产生矛盾。

4.4　大企业渠道运营的中央订单管理

销售人员有两种烦恼：一种是无客户、无订单、销量不足的烦恼；另一种是有客户、订单、销量，但订单的运营效率与管理水平低的烦恼。中央订单管理系统，则是可以解决后者的工具。

4.4.1　大企业渠道运营中的痛点

下面通过真实营销案例来说明发现和解决问题的全过程，帮助读者理解中央订单的意义。

1. 案例描述

某乳品企业 C 集团，经过一年时间的密集拜访与多次谈判，终于在一年前与万豪酒店集团达成采购合作。这是 C 集团与国际酒店集团合作的首次破冰，对集团而言意义非凡。

本次合作对象包含万豪旗下共 65 家门店全线合作。表 4.4-1 所示为万豪品牌区分的门店数量。

表 4.4-1　万豪品牌区分的门店数量

万豪旗下品牌	门店数量（家）
丽思卡尔顿	9
JW 万豪	7
万怡	10
万丽	16
万豪行政公寓	6
万豪酒店度假村	17

万豪的品牌门店数量包含丽思卡尔顿 9 家、JW 万豪 7 家、万怡 10 家、万丽 16 家、万豪行政公寓 6 家、万豪酒店度假村 17 家。

以区域分类，万豪旗下门店遍布全国。表 4.4-2 所示为万豪门店区域分布。

表 4.4-2　万豪门店区域分布

万豪所在区域	门店数量（家）
上海	21
广东	13

续表

万豪所在区域	门店数量（家）
北京	11
津冀	6
江苏	5
浙江	4
川藏渝	2
云贵桂	2
河南	1
湖北	1

万豪门店上海21家、广东13家、北京11家、津冀6家、江苏5家、浙江4家、川藏渝2家、云贵桂2家、河南1家、湖北1家。当然，上述区域分布仅为大致统计，城市的门店分布呈分散态势。

整体来看，尽管门店数量多是好的，但其分散分布，对C集团渠道运营能力是很大的考验，也是订单管理的一大痛点。此外，C集团和万豪最初的合作方式为早餐供应，单次订单量不大。因此C集团在实际运营渠道后不久，就从签约的喜悦中冷却下来。

2. 存在问题

企业和万豪在合作初期，就出现了如下问题。

（1）有订单、无数据。双方签订合同后，万豪与C集团都将业务交给相应区域的酒店专属经销商进行具体对接、配送。万豪在某城市的酒店直接将采购订单发送至C集团的指定经销商，由经销商和酒店进行对接并完成配送服务。C集团和万豪每月对账进行结算。

这种运营方式导致C集团总部难以知晓销量，虽然集团要求经销商对销量数据进行统计，但数据严重失真。C集团想要复盘与万豪的合作情况却无数据支撑，虽然可以从万豪调取数据，但频繁调取不仅增加甲方工作量，还会暴露C集团运营无力，没有一手数据的事实。

这种运营模式显然不利于合作推进。

（2）订单送达无监控，服务无保障。由于万豪（甲方）未经过 C 集团总部，直接将订单送至相应区域指定经销商，C 集团总部对经销商并不能直接进行监控。经销商拿到订单后是否照单送货，是否遵循对方要求的送达时间准时送达，全部无人监控。只有甲方投诉才知道没送、少送、晚送等情况。C 集团只能被动承受投诉，这严重影响生意，影响客情。

（3）万豪对多头对接反应强烈。双方合作一段时间后，万豪对多头对接的运营方式表示不满，质疑经销商队伍的能力。此时，C 集团也意识到问题严重性。合作原本是集团对集团，现在万豪却要和众多经销商进行业务沟通和对账回款，工作量巨大。问题之严重，不仅万豪总部考虑中途解约，其旗下门店还有私自采购竞品的现象。由于万豪上下合作意愿直线下滑，直接影响继续合作和续约。

3. 原因分析

下面分析 C 集团在渠道运营中出现的问题。

（1）虚线管理模式协调能力弱。C 集团总部对特殊渠道始终进行虚线管理，无人事权、管理权，只有制定制度和业务指导的职能，导致出现以上问题，且集团也无法迅速响应解决。C 集团总部虽然针对客户反馈出台了补充制度，在各方会议上也反复强调，多次沟通，然而集团中"号令不出总部大楼"的现象屡见不鲜。大区团队答应是一方面，执行又是另一方面。尤其面对万豪的投诉，大区团队在规定时间内无法提供解决方案，致使客户对合作失去信心，对 C 集团以及对接人的信任都大打折扣，从根本上影响了双方持续合作。

（2）C 集团对生意掌控力比较弱，主要表现在：有合同而不见订单且无销量记录；有投诉无法解决；大区有费用申请批复，使用是否到位却无从得知。此外，总部对门店知之甚少，不能针对门店情况制定对应销售计划。

（3）受限于经销商。C集团在对甲方订单调取过程中，从经销商的对账单中发现，部分区域经销商给甲方配送的是竞品公司的产品。经销商对C集团汇报时声称，这是由于集团断货采取的补救措施。实际上，这是经销商在根据市场活动力度，调节利润。在C集团和经销商的合同框架下，哪种产品的利润高，经销商就选择送哪种产品。而作为酒店方，对此也不甚在意，毕竟只要品质相同，具体使用何种产品并不影响终端顾客的体验。竞品公司也同样利用了经销商的短视，通过给予利益诱惑而大搞品牌渗透，导致C集团为竞品公司做嫁衣。

4.4.2　如何通过中央订单管理解决渠道运营难题

基于以上问题，C集团的渠道管理改革势在必行。C集团要在确保各方利益、服务好客户的前提下有效简化对接程序，增强业务掌控力，确保合作顺畅进行。为达到以上目的，集团需要自我革新，完成以下事项。

1. 订单管理

C集团首先需要做好订单管理，也就是将订单做到三统一，分别是统一订单、统一派单、统一回收验收单。通过三统一解决到货率监管与计量问题。

具体做法是由客户将订单全部派发至总部订单中心，订单中心收到订单后分发至各经销商。订单配送完后将酒店验收单上传至订单中心，形成闭环。

这种方式既解决甲方对接人数过多的问题，也能监控经销商是否照单送货。如有少送、错送情况，可通过对比订单与验收单及时发现，提高送货准确率。同样，根据验收单时间，C 集团总部也可以判断送达时间是否符合配送标准，是否有不配送现象。如果订单中心没收到验收单，可以直接和酒店落实经销商送达情况。

C 集团拥有一手数据，可分析甲方下单频率与平均订单量，针对订单异常进行反应。例如，海口丽思卡尔顿下单频率为平均 3 天一单，每单约 15 件。如果订单中心一旬都没有收到订单，或虽有订单但单次量仅一两件，则 C 集团需要派出业务人员到店了解订单异常的情况。

2. 管控生意分歧

掌握销量数据，双方可定时展开业务回顾，共同管控双方分歧，关注共同指标的改善。例如断货问题、回款问题、单店销量提升问题、常见客户投诉问题，都可以提上日程，协商改善，从而增强双方合作信心，促进长期稳定合作。

3. 重塑利益链

任何合作要持续都离不开利益分配的平衡，特殊渠道也不例外。其业务模式的变化也会带来利益分配的变化。随着 C 集团总部加强订单管理，集团业务模式发生变化，利益链需要相应重塑。

例如，个别门店距离酒店较远，配送成本比较高，经销商配送意愿比较弱。针对这种情况，集团需要制定补贴标准，并与甲方协商改善合作形式，增加销量，或合并订单，降低订单频率，延长订单周期。如原本三天一单，每单 15 件，现在改为每周一单，每单 40 件。C 集团应将经销商的切身利益放到第一位，避免经销商不愿意配送的现象出现。

还有一部分经销商，有意愿配送但资金少，或单纯不想做账期长的业务。对此，C 集团可以引进三方垫资，变当地经销商为配送商。

若实行三方垫资，需要关注两点，一是垫资方需要切割利润，二是 C 集团应该协助垫资方进行对账和结算。若当地没有合适的经销商，C 集团就应及时启动第三方物流，同时发展特殊渠道专属经销商。总之，唯有深入整体业务，才能合理分配利益，打通供应链。

中央订单模式，是解决大企业大项目在全国落地比较好的方式，既可承接上下，打通业务链，了解生意全貌，又能通过数据经济改善运营，提高效率，收获市场果实。

4.5　大企业渠道运营的用人标准

在商业活动中，影响经济走向的因素共有三个，分别为人、资金与技术。无论是工业时代的机器运转，还是互联网时代的粉丝经济，人、资金和技术都至关重要，甚至能决定企业的成败。由于特殊渠道的特殊性，其用人标准与其他销售渠道相比有较大不同。特殊渠道对人才有哪些特殊要求？渠道特性又如何决定岗位性质？本节将探寻答案。

4.5.1　业务拓展能力

业务拓展能力是销售人员的必备能力。这种能力的具体表现为个人自信程度、沟通能力、受挫能力、业务经验等。通俗而言，业务拓展能力就是"拿订单的能力"或"成交能力"。这看似是销售人员的基本能力，但现实中许多销售人员欠缺业务拓展能力，在大企业中尤为常见。其主要原因如下。

（1）企业高速发展，人才储备却没有跟上。企业扩张期间对招聘的需求较为急切，着急填满"坑位"，导致很多没有一线销售经验的人入职。彼时企业效益好，并不着急团队人员立刻出业绩。但现在，一些人员不再是资产，反成负累。

（2）大企业组织健全，经销网络布局相对完善。在此背景下，大部分销售人员偏重销售管理，工作内容偏向内部计划和标准制定，并不涉及一线业务开发。

（3）大企业人员多，存在"尸位素餐"现象，同时人员的能力经常被烦琐流程所限制而无从发挥。

特殊渠道则很容易暴露上述问题。因此，企业必须选择拿过大量订单或真正会拿订单的人。

总之，"拿订单的能力"是渠道管理者基本的素质，唯有深入过一线业务才能获得。

4.5.2　资源型人才

特殊渠道的开发和管理，对社会关系存在重度依赖性。该行业类似投行，无论是高盛、摩根这种国际性大投行，还是本土投资机构，其发展和经营都极度依赖社会关系。

特殊渠道同理，若自身起点高度与社会关系不能对渠道合作关键决策人产生影响，则会影响业务拓展。特殊渠道的目标客户门槛较高，普通拜访者一般求之无门。

因此，企业招聘时必须招资源型人才，切不可因心疼人员成本而放弃这类人才。普通销售人员显然缺乏此类资源，其长期无法推进项目，会增加隐性成本。

4.5.3 业内人士

按照业务类型，特殊渠道业务属于 B2B 业务。企业的特殊渠道管理团队需要面对各行各业的决策关键人。因此，在营销人员分配时，企业有必要考虑人员的专业背景、过往经验、行业的匹配程度等。营销人员需要对管理渠道的行业有基本了解，否则很容易隔行如隔山，导致业务难以推进。

例如，没有酒店与航空从业背景的员工，很少了解带资管理、特许经营、配饮等业务。如果对这些基础概念都难以厘清，梳理业务开展逻辑更无从谈起。同样，营销人员无法弄清不同业务分别由哪些部门负责，就会连拜访谁都不知道，也是无法开展业务的。

另外，与客户取得见面机会不代表可以立即对产品进行推介，双方需要互相了解后才能深入对话，发现客户需求。行外人难以与客户有共同语言，既不利于客情建立，也不利于打开局面。

因此，特殊渠道招聘对象必须为业内人士，若招聘新人，新人则需要在招聘初期就该向行业标准靠拢。特殊渠道管理团队必须彻底了解所在行业，例如通信行业从业人员提起芯片，就应想到台积电，想到中芯国际。

4.5.4 公关能力

提及公关，大众习惯性的想象总是与吃饭、请客、送礼等相联系。这是大众长期以来的误解，其是社会发展进程中的个别现象，并非公关的全貌。

公关能力指有目的、有计划地为改善、维护或突破某种公共关系而进行活动的能力。其具体表现为一个人在社交场合的介入能力、适应能力、控制能力、策划能力、协调能力、交往能力以及语言表达能力。通俗而言，公关能力是人对外打交道的能力，无论是表现为热情的性格，还是低调的品质，究其根本都是赢得他人好感和认同的能力。

企业想要取得渠道运营的良好效果，以上四种用人标准一个也不能缺。图 4.5-1 所示为特殊渠道用人标准。

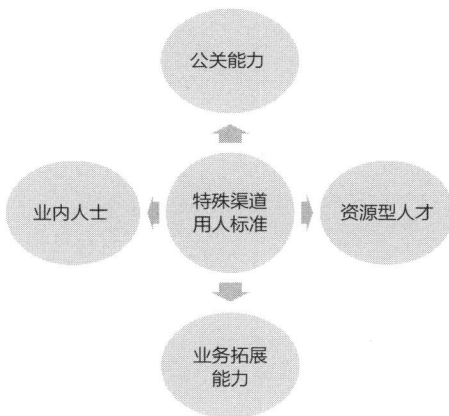

图 4.5-1　特殊渠道用人标准

业务拓展能力、资源型人才、业内人士更偏重技能，公关能力则属于软实力，是十分重要也十分稀缺的一种能力。

不难看出，很多企业特殊渠道之所以长年业绩没有突破，是因为人才战略与实际需求相悖。特殊渠道的高专业度、高资源依赖等特点，要求配备优秀的人才，而非企业组织调整后的剩余人才。但在实际业务的操作中，企业往往将优秀的人才放置于成熟业务，认为如此才能保证基本销量。相对而言，特殊渠道业务在许多企业中属于萌芽业务，易被忽视。实际上，企业单纯按渠道权重匹配人才，而非按照渠道特点匹配人才，这恰恰是人才战略的失误之处。企业想要在特殊渠道有所突破，就要打破成见，重新制定人才战略。

第 5 章
渠道评估和重构的策略与方法

　　增量渠道的建设并非一劳永逸，而是需要企业在尊重内外部环境变化的基础上，形成不断循环的重构过程。其中，不仅包括对渠道战略模式的确定，也包括选择和激励渠道成员、调整渠道的具体运营内容等。为此，企业需要定期对增量渠道系统进行科学评估，找准重构方向，发现具体不足，形成针对性的策略和方法，确保整个渠道系统的高效运转。

5.1 渠道评估的标准与内容

渠道评估是指企业通过系统化手段对营销渠道的运营效率和效果做出客观、准确、科学的评定考核过程。渠道评估的对象可能是营销渠道中某个层级的参与成员，也可能是整体渠道系统。针对不同对象，企业应建立不同的评估标准，获得完整的评估内容。

5.1.1 渠道评估的 6 个原则

无论渠道评估的对象如何，评估原则都是通用的。图 5.1-1 所示为渠道评估的 6 个原则。

图 5.1-1　渠道评估的 6 个原则

渠道评估的 6 个原则如下。

1. 有效性原则

渠道的作用在于其对分销体系的贡献，因此对其评估的首要原则也在于有效性，即判断该渠道为企业带来的销售业绩是否与预期相符，是否满足企业的市场战略或品牌发展的需要。

通常而言，企业建立渠道的目的在于提升市场占有率，扩大品牌影响力。因此，能带来预期销售业绩或满足市场战略、品牌发展需要的渠道，即有效的渠道。

2. 经济性原则

企业利用渠道来实现战略意图、扩大品牌影响力等，最终都是为了获得利润。例如，企业希望在某市获得大批社区零售门店的支持，实现这一战略意图有两种方案：或者是直接向该地区派出多名销售人员，其成本包括基本工资、推销业绩提成等；或者是利用该地区的销售代理商与社区零售门店之间的关系，委托代理商建立这一新渠道，并根据代理商的业绩向其支付佣金。

这两种方案孰优孰劣，企业靠感觉无法做出定论，需要计量其带来的不同销售收入和成本，以计算能获得的利润。对渠道评估的标准，不在于其是否能带来更多的销售额、更大的控制力度或者更低的成本费用，而在于综合计算得到的利润。

3. 可控性原则

企业确定增量渠道，需要花费足够的人力、物力、财力资源，其过程并不容易。企业通常不会轻易更换营销渠道的参与者，更不会动辄改变渠道模式。在进行渠道评估过程中，企业必须保持渠道的相对稳定，才能提升渠道收益。因此，可控性原则是渠道评估的重要原则。

企业遵守可控性原则，并不意味拒绝调整。由于内外环境因素的不断变化，企业原有的增量渠道很可能出现新问题。此时，企业就需要通过评估来发现产生问题的原因，并提出调整方案，以适应新环境。

4. 适应性原则

企业在评估增量渠道模式时，仅考虑现有的速度、成本、利润是不够的，还应考虑企业未来的产品是否能及时销售出去并获得较高的市场占有率。因此，企业在评估渠道时，不能一味看重渠道成本，否则可能导致渠道在调整之后难以适应环境、销售量下降、市场占有率降低等问题。

当然，企业在渠道评估过程中，应努力避免过度扩张、过宽分布，否则会导致沟通和服务困难，难以管控目标市场。

5. 平衡性原则

企业在管控、评估增量渠道时，不能单纯看到自身效益的最大化可能，导致渠道其他成员的利益被忽视。作为渠道源头的企业，更应适当合理分配不同成员之间的利益。只有利益分配平衡，渠道成员之间的各类关系才能稳定，合作、冲突、竞争等行为才能始终在企业的控制下，形成统一、高效的协调节奏，减少矛盾，确保实现渠道目标。

6. 科学性原则

企业在评估渠道过程中，应科学选择评估指标、评估方法，建立可量化、公正、客观的渠道绩效评估体系，从而系统地对渠道绩效在各个侧面的表现进行观察评价，以便对渠道整体做出更具备针对性的有效评估。

5.1.2　影响渠道评估指标的 3 个因素

在设计渠道评估指标时，为确保指标合理，企业应注重以下三方面因素。

1. 行业特征因素

行业特征因素主要包括行业产品的价格变动规律、技术含量、生产周期，也包括产品自身的形状、重量、性能、耐用程度、易损程度等。此外，伴随行业发展，新产品很可能会对原有营销渠道产生影响，这也是企业评估原有渠道时必须予以考虑的。

2. 竞争状况因素

竞争状况因素包括市场规模、集中程度、竞争激烈状况。在对此分析基础上，企业还要观察判断竞争市场是否存在垄断行为、垄断程度等，并观察消费者的购买频次、购买数量等。

竞争状况的变化会直接影响渠道运行状况。例如，企业在垄断程度高、竞争激烈的市场，应考虑使用短渠道；而在分散程度高且竞争不激烈的市场环境中应选择长渠道。

3. 企业发展阶段因素

企业处于何种阶段，都会影响其对渠道的评估结果。企业如果处于成熟期且规模较大，就应选择短渠道，以便最大限度地贴近最终消费者进行服务。此时，企业具备充分的人力、物力、财力资源来渗透目标市场，而无须过多通过中间渠道完成销售。相反，当企业处于初创期或衰退期，面临着品牌号召力不够、资源不足的情况，就应结合实际评估情况，选择长渠道，借助合作方的销售渠道资源占领更多市场份额。

企业在对渠道进行评估时，必须将上述三种因素纳入评估指标体系，以此考察渠道是否科学合理，认真分析对渠道进行的优化措施是否有利于企业发展。

5.1.3 渠道运营状态评估

对渠道运营状态的评估，应从渠道管理组织、运行状况、服务质量等方面进行，以呈现渠道整体运营状态。

1. 渠道管理组织评估

对渠道管理组织的评估，主要包括两方面内容。

（1）对渠道商能力和素质的评估。例如，在企业的某代理渠道系统中，从事销售工作三年以上且有一定业绩的地区经理占总销售经理团队的比例有多大。这一比例越大，说明该代理渠道系统内的管理能力越强，素质越高。

（2）对渠道商控制力的评估。例如，渠道商是否有能直接控制的零售终端，直接控制的零售终端占零售终端总量的比例，直接控制的零售销售额占销售额总量的比例等，都能体现渠道商控制力的水平。

2. 渠道运行状况评估

渠道运行状况，是指渠道商及其下属成员在相互协调配合过程中的整体表现。这些表现影响渠道运行的效率。

对渠道运行状况的评估，应以渠道运行目标和企业销售计划为直接依据，对渠道内销售任务的分配是否合理、渠道参与者的合作表现、渠道内部矛盾的性质和程度、渠道整体业绩是否达标等，进行综合评价，其分析指标还包括渠道的畅通水平、覆盖程度、流通能力、利用效率等。

3. 渠道服务质量评估

企业对渠道服务质量的评估要点，包括信息流通、物流服务、服务效率、投诉处理等方面。

（1）信息流通。渠道的诸多功能中，信息流通是重要的功能。

渠道商身处营销一线，相对生产企业更接近最终消费者，能获得直接调研信息。因此，企业应重点考察渠道沟通质量，判断信息的价值。

例如，销售商的调研结果是否体现了当地消费市场特殊性，是否能体现企业业务开拓进程，或者是否与竞争者的营销新举措有关等。这些信息的流通质量，对企业的营销决策具有重要意义。

（2）物流服务。渠道的物流服务工作包括产品运输、保管、流通等工作，也包括管理和传递与产品相关的物流信息。物流服务质量是指渠道商对消费者物流需求的满足水平，例如是否能及时进货、交货，确保消费者产生需求时能第一时间获得产品。

企业在考察物流服务水平时，既要观察渠道商如何向消费者提供最佳服务，也要了解他们是如何控制分销成本的。实际上，这两者往往会形成不可调和的矛盾，企业必须通过有效的渠道运营体系维持平衡。

（3）服务效率。渠道服务既是指对终端消费者的服务，也是指对企业的服务，两类服务的共同基础都在于销售活动是否能达到预期目标。为提高销售服务效率，渠道商应坚持对每次重要销售活动的成本、效果进行记录，并通过统计关键指标来评价活动效率。例如，某公司就长期采用销量浮动等数据评估渠道的服务效率。

企业还可以灵活设置指标，针对不同市场渠道采取不同评估指标或方法。例如，可以根据重要销售活动前后销量的对比、销售商货架库存数量的变化、销售商的统计数据等进一步明确渠道的服务效率。

（4）投诉处理。终端客户的投诉行为，很可能是因为对产品或服务的不满而产生的，这也意味着终端客户实际上对渠道本身有所期待，希望能提高质量水准。因此，企业应通过评估而协助渠道建立客户投诉管理制度，鼓励客户向渠道提出批评建议，积极收集客户对产品和服务的反馈并进行分析，建立客户联系卡等。

5.1.4 经济效益评估

企业可以利用多种工具，对增量渠道的经济效益进行评估。图5.1-2所示为渠道经济效益评估的工具。

图 5.1-2 渠道经济效益评估的工具

利用上述工具，企业分销管理人员可以对渠道的经济效益做出正确评估。

1. 销售分析

销售分析主要是测评分销计划、销售目标的实现情况，判断实际销售水平和计划目标之间的差异。销售分析主要有以下两种方法。

（1）销售差额分析。企业内外因素都可能导致增量渠道销售绩效出现变化，应通过对价格、数量等因素的分析，了解增量渠道销售业绩超过或低于目标的主要原因。

销售差额的计算和比较，应针对分销渠道整体，不能仅着眼于某个环节，而要着眼整体分析有关综合因素的影响，以判断其对整体销售效果的作用。

（2）销售细节分析。可以将整条增量渠道细分为若干不同环节，从不同层面进行审视，发现取得成绩或出现问题的原因。例如，应重点分析是该渠道某个环节销售代表、销售商工作努力程度的问题，还是某个环节出现了竞争者，或者是某个环节、地区针对的消费者需求变化等。

2. 市场占有率分析

企业单独对渠道的销售绩效进行统计，并不能完整说明渠道的经济效益水平。对市场占有率的重点统计分析，能去除客观环境影响，以同竞争者的横向对比来考察渠道的真实能力。如果企业的市场占有率上升，就说明经济效益良好；如果下降，则说明其相对于竞争者经济效益较差。

下面几种指标可用来统计和评估市场占有率。

（1）全部市场占有率，即企业销售额占整个行业销售额的百分比。

（2）可达市场占有率，即在企业认定的渠道可达市场上，企业销售额占该市场销售额的百分比。

（3）相对市场占有率，即企业销售额与主要竞争对手销售业绩的比较百分比。

在了解企业市场占有率后，企业还应进一步分析市场占有率的变动原因，从而了解增量渠道整体的经济效益。

3. 渠道费用分析

评估增量渠道经济效益时，必须对增量渠道所产生的费用进行分析，其构成通常为零售总成本和制造成本比的差额。渠道费用的结构和数量，会影响到整体经济效益。

统计和分析渠道费用主要包括如下项目。

（1）直接人员费用，包括企业的渠道管理人员、协调人员、促销人员的人力资源费用。

（2）促销费用，主要包括渠道促销过程中的费用，如展会费用、活动费用、广告费用、赠品费用、管理费用等。

（3）仓储费用，包括租金、维护费用、折旧费用、损耗费用等。

（4）运输费用，主要为托运费用。如果企业采用自有运输力量，则需要计算各类折旧费用、维护费用、人力成本等。

（5）包装费用，包括产品的包装费用、产品说明费用、品牌宣传费用等。

评估渠道费用时，应注意两大原则：首先是费用比例应与承担的渠道运营具体功能匹配，其次是费用增长应能带来销售额的增长。如果渠道费用支出情况与这两大原则相悖，就可认为存在较大的优化改善空间。

4. 盈利能力分析

获取利润是渠道管理的重要目标，也是渠道运营的根基。企业的渠道管理人员应通过销售利润率、费用利润率来对渠道的盈利能力进行评估。

（1）销售利润率是指企业净利润与产品销售额的比率，其计算公式如下。

销售利润率 = 净利润 / 销售额

在多环节组成的增量渠道中，销售额是指整个渠道整体环节的销售总额。净利润是指组成销售渠道各成员的净利润总和。

（2）费用利润率是指增量渠道运行过程中花费资金所能创造的利润，其计算公式如下。

费用利润率 = 当期利润 / 费用总额

费用利润率是重要的评估指标。该指标能说明为了获得当下销售额，增量渠道已经付出的资金代价。

5. 资产管理效率分析

为明确增量渠道是否处于有效获得经济效益的状态，还可以对渠道运行过程中与资产有关的数据指标进行分析，资产指标能反映渠道整体资产管理的效率。其具体评估指标如下。

（1）资金周转率。增量渠道承担的不仅有商品流通责任，还有加快资金循环的责任。渠道商的资金利用率高，就能采用较少的资金来完成销售任务。企业可以利用资金周转率来对增量渠道的相关能力予以评价。资金周转率的计算公式如下。

资金周转率 = 产品销售收入 / 资产占用额

资金周转速度和渠道的获利能力紧密相关。资金周转速度越快，渠道的获利能力越强。在销售利润率不变情况下，资金的周转率越高，资产的收益率也越高。

（2）存货周转率。存货周转率能说明一段时间内库存产品的周转次数。企业对此加以考察，有利于了解渠道内存货是如何流动的。

存货周转率 = 产品销售收入 / 存货平均余额

增量渠道中的资金在绝大多数时间都是以产品形式存在的，因此渠道对存货的管理，也会关联到对资金的管理。渠道需要提高存货周转率，降低库存量，从而提高资金使用效率。

5.1.5　发展与创新评估

增量渠道是企业和市场之间的输血通道，称其关乎企业的生命并不为过。如果增量渠道停滞不前，那么企业岌岌可危。在对渠道进行评估时，需要围绕发展和创新水平形成标准。

1. 渠道决策的前瞻性

企业渠道决策的前瞻性即渠道的设计、规划、选择等符合未来趋势、体现出科学性，这是确保渠道具备成长空间的决定性因素。企业必须结合产品的价值开发、市场的竞争趋势、企业的自身成长三个维度提前布局。

2. 渠道的创新调整评价指标

在对渠道创新调整能力进行评价时，企业应在渠道成员、市场和结构三方面建立指标，以优化渠道系统，提高创新效率。

（1）渠道成员的创新调整评价指标，包括职能分工、业务范围、培训水平、数量结构等方面，以此确定渠道系统的优化程度。

（2）渠道目标市场的创新调整评价指标，主要用于考察企业对渠道目标市场的再定位、渠道商对自身目标市场的再定位是否准确。如果渠道已经无法在现有目标市场正常运行，就应积极准备新的渠道运营方式，并体现在企业和渠道商的内部变革目标中。

（3）渠道结构的调整。企业还应考察自身和渠道商对系统结构的调整水平，其中包括对渠道节点、长度和宽度的调整方向。渠道结构中由于结构因素相互产生的关联和影响，会直接影响渠道策略执行效果，因此必须对该部分评价予以重视。

此外，企业还应尤其注重对新老渠道冲突的评价，以此明确新老渠道如何协调发展，减少冲突，提升渠道发展与创新的整体价值。

5.2　渠道调整、完善与重构措施

随着大数据、人工智能时代的来临，企业意识到渠道更新工作的紧迫性。基于客户满意度的、经过科学设计和调整的渠道，能为企业带来竞争优势，形成利润源头。

5.2.1　客户满意度跟踪与提升

客户的满意度源于产品带来的体验效果与自身期望价值的对比。企业在调整、完善和重构渠道之前，必须对此过程和结果予以跟踪，再将提升措施落实到对渠道的管理中。

企业需要首先理解哪些价值对客户而言是重要的，并尽力将这些价值作为渠道的改变目标。这些价值的影响因素主要包括客户自身特点，如性别、年龄、收入、需求习惯、偏好等，也包括客观因素如市场上竞争产品特点、其他企业的宣传等。上述因素综合决定了客户对产品的期望价值。

企业应注意自身在客户期望价值因素中的重要性。如果企业的渠道管理措施导致客户期望价值过高，则显然会导致客户满意度下降；但如果客户期望价值过低，渠道又无法吸引客户。企业可以通过价格、包装、营销宣传等对客户期望加以影响，不断采取措施加以引导，使其保持在合适的位置。

为追踪客户满意度，开展调查是常用的方法，其能帮助企业迅速了解客户的实际体验，并制定提升方法。

图 5.2-1 所示为客户满意度调查内容。

01	02	03	04	05	06
确定满意度调查对象和内容	明确满意度指标体系	制定满意度调研方案和问卷	发放和回收问卷	撰写分析报告	跟踪和改进

图 5.2-1　客户满意度调查内容

1. 确定满意度调查对象和内容

客户满意度的调查对象主要包括渠道的直接顾客、实际使用者，以及渠道的零售商、中间商等。

客户满意度的调查内容，主要包括客户特征信息、相关产品信息、客户对产品的体验满意度、客户对渠道和品牌形象的满意度等。

2. 明确客户满意度指标体系

客户满意度指标体系，是为了对客户满意度进行综合评价而设置的指标组合，其中包括相关问题、采集渠道两大内容。

（1）相关问题。企业应在充分调研基础上，提出与指标相关的问题。例如哪些具体主客观因素能影响客户满意度，每个因素是如何影响满意度的，哪些因素能列入衡量客户满意度的指标体系等。

（2）采集渠道。企业应明确从哪些渠道如何收集与指标有关的数据。常用的采集方法包括内部访谈、深度访谈、网商问卷、现场发放问卷、电话调查、二手数据收集等。不同的方法适用于不同渠道，企业可根据具体情况按需求进行选择。例如，电话调查适用于终端消费者群体固定、重复购买率较高的渠道，现场发放问卷适用于消费者集中于线下的渠道等。

3. 制定客户满意度调研方案和问卷

客户满意度调研方案内容包括调研的目的、内容、对象、规模，以及研究方法、计划、预算和报告提交时间。

设计方案过程中，应结合需要制作调查问卷。问卷通常包括问卷介绍、受调查者基本信息、问题和说明等。其中，问题应简单明了，便于作答。在调查问卷末尾，可直接邀请客户选择"非常满意""满意""一般""不满意""非常不满意"，也可采用百分制来打分。

4. 发放和回收问卷

客户对问卷回答完毕后，企业应及时组织统计问卷，对数据进行清洗和统计，删除无效和重复数据，从而进行分析。

5.　撰写分析报告

在数据分析结束后，调研团队应及时撰写相关分析报告，明确不同渠道的客户满意度。分析报告中应列出调研背景、相关指标、问卷设计检验、数据分析和分析结果。

6.　跟踪和改进

企业渠道管理者应根据分析报告内容做出专项决策，实施改进措施，跟踪实施结果。

5.2.2　新渠道支持

在企业对渠道调整、完善与重构的循环过程中，新渠道的开发和维护可谓永远存在的主题。新渠道不仅能带来新的市场覆盖体系、新的最终消费人群，还能帮助企业获得新的经验，并将之用于老渠道的优化中。因此，在新渠道开发中，企业应尤其注重如下支持措施。

1.　产品线调整

产品线调整能让企业在新渠道中获得比竞争对手更大的优势。如果企业的产品和竞品相比目前不具备显著优势，那就应和新渠道代理商进行有效沟通，这样既能让他们了解产品带来的利益，也能借此了解新渠道的真实需求，以对产品做出改进。

2.　营销方式调整

新渠道成员同样依赖企业的营销支持。为了开发新渠道，企业应准备对应的广告计划，获得新渠道成员的充分信任。此外，诸如合作促销活动、产品购买折扣和展会陈列位置等，都是企业能给予新渠道成员的充分支持，可以作为开发新渠道的支持资源。

3. 管理支持

新渠道成员关注能从渠道中获得的收益，他们同时也想知道，企业能否实现承诺提供更好的支持。这些支持不仅包括营销部分的内容，也包括对渠道的管理。

企业理应满足新渠道成员的合理需求，向其提供更充分的管理支持，包括培训支持、财务分析支持、市场分析支持、存货管理支持、销售体系支持等。企业具体给出的支持类型和程度，应根据新渠道的特点、渠道和企业之间的关系加以设定。例如，当新的渠道商和企业形成书面协议之后，企业就应该提供比口头协议更有力的管理支持。

4. 协作关系

渠道连接着企业和市场，同时企业和渠道、渠道和渠道之间也势必存在复杂关系，包括业务关系、组织关系和个人关系。

企业在对新渠道给予支持时，必须充分认识到关系的多元性，并向新渠道成员积极传递信任、关心的信号，甚至将新渠道成员看作企业内部成员。这是因为日趋良好的人际关系、真诚坦率的合作，以及渠道成员之间的融洽相处，都是协作关系的重要基础。

5.2.3 填补市场空白与创新

在填补市场空白与创新的道路上，华为走过艰难的奋斗历程。

华为成立初期面临艰苦的环境。当时，国内通信市场被"多国部队"所垄断。美国朗讯、加拿大北电、德国西门子、瑞典爱立信、比利时BTM、法国阿尔卡特、日本 NEC 和富士通等跨国企业占据了市场中 90% 的渠道。

然而，华为创始人任正非敏锐地发现，国内通信市场还有一块巨大的空白，那就是县级和乡镇级市场。广袤的基层市场条件差，利润微薄，外国企业或者看不上，或者没有投入资源开拓。任正非认为，这恰恰是华为未来成长的舞台。他下定决心，去农村培育和建立渠道，走"农村包围城市"的路线。

在基层渠道，华为采用直销方式，以人海战术、区域作战，对客户进行密集培育，着重采用关系营销策略、服务营销策略，帮助基层客户解决各类技术难题，积累了宝贵的产品与营销经验，打下了日后崛起的良好基础。

事实说明，在渠道创新过程中，找准空白市场后再进行填补和创新是很重要的。

企业应在充分熟悉自身产品和企业文化基础上开发和填补空白市场，并注重如下工作步骤。

1. 前期市场调查

进行充分的市场调查，发现空白市场并充分了解渠道现有状况和潜力，从而发现机会并找到突破口。主要的市场调查内容如下。

（1）调查了解该地区的经济和人口情况。

（2）调查了解其他品牌在该地区的渠道占有率和商业信誉。

（3）调查了解该地区渠道的情况，包括资金实力、销量排位、信誉，以及渠道管理者的个人品牌、客户的认同度等。

2. 分析优势

在前期市场调查基础上，结合本企业产品和服务特点，确定对该渠道而言最有利的优势，作为占领空白市场的突破口。

3. 确定模式

从本企业的优势出发，确定在空白市场上将要建立的渠道经销模式，例如是直销还是代理，是区域独家代理还是多家代理等。

4. 拜访渠道商

将暂时不可能建立合作关系的渠道商放进"黑名单"，再利用专业的网站、媒介确定有可能建立合作关系的空白市场渠道商名单。通过打电话、发邮件约定时间并拜访，提前准备好谈话内容大纲。

谈话内容大纲主要包括如下部分。

（1）本企业概况、生产规模、质量保证、行业地位、营销能力等。介绍上述情况，增强新渠道商合作的信心。

（2）本企业的主要目标市场、市场前景分析等。管理人员要积极向渠道商表明经营方针，明确长远目标，增强他们对企业的安全感、信任感。

（3）展示本企业的市场营销方案、售后保障方案等。管理人员要向渠道商承诺业务和质量的相关服务，保证渠道商在整体方案中的获利。

（4）展示确保客户盈利的方案。要及时为渠道商"算账"，帮助他们理解企业的营销策略如何帮助他们获利。

（5）陈述企业对营销渠道的管理前提，例如先付款再发货等，也可以陈述优势如免费退货等。企业可以在该内容上进行适当创新，以吸引渠道商。

正式确定新渠道合作伙伴后，企业应及时从订货、品类选择、价格确定、营销活动等各方面做好支持服务，兑现之前的承诺。当新渠道商完成首期进货后，企业应积极协助他们提升各网点的销售量，推动渠道销量稳步上升。

5.2.4　重组渠道

企业之间的竞争已经不限于工厂、门店或品牌的比拼，变为以企业为中心的渠道价值链的综合竞争。企业必须根据竞争形势的变化，积极重新组合渠道内部资源，从而提升整体竞争力。

重组渠道的方式有多种。图 5.2-2 所示为重组渠道的方式。

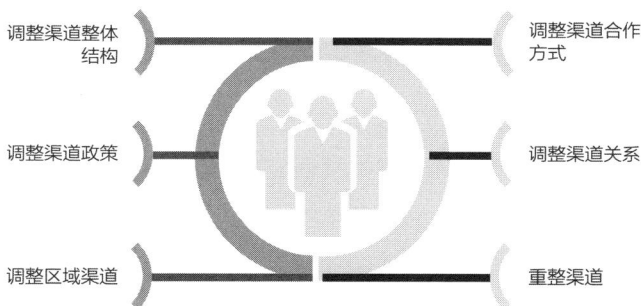

调整渠道整体结构

调整渠道政策

调整区域渠道

调整渠道合作方式

调整渠道关系

重整渠道

图 5.2-2　重组渠道的方式

1.　调整渠道整体结构

企业对渠道整体形态进行调整，或者对渠道某方面进行较大调整。例如，某企业将原有的经销商渠道改为企业参股的合资模式。又如，企业取消了原有渠道结构中的经销商，改为直接对零售商供货。

对渠道整体结构的调整，可能导致渠道系统的较大变动，其难度较高，对企业考验压力较大。

2.　调整渠道合作方式

调整渠道合作方式多样，例如企业为了对渠道加强控制，将经销模式改为代理模式，抑或增加代理商，将独家代理变为多家代理。

3.　调整渠道政策

渠道政策包括价格、物流、市场营销、奖惩等各类政策。渠道政策服务于特定环境，企业可以在不调整渠道结构的基础上对政策进行适当调整。例如，某企业为了激励销售商在淡季增加进货量，给予了贷款利息补偿的激励政策，提升了渠道商的进货积极性。

4. 调整渠道关系

企业在现有渠道结构内，调整自身和成员、成员和成员之间的合作关系。例如，对销售业绩突出的经销商，企业可以给予优先供货、价格折扣、信用额度提高等优惠政策。

5. 调整区域渠道

企业在确保渠道整体结构不受影响的情况下，对某个区域的渠道进行结构性调整。例如，增加某地区渠道的数量，或者缩小某地区渠道的覆盖范围等。

6. 重整渠道

重整渠道着眼于对企业现有渠道的整体重建。企业需要打破原有的渠道体系，建立新的渠道系统。由于这一方式会引起企业内外诸多利益关系的重新确定，因此管理者谨慎选择和对待。

第 6 章
5G 时代的新媒体渠道构建与运营

5G 时代，万物互联，人们的世界被科技缩小。新媒体平台承载着海量数据。想在未来的商业渠道立住脚跟，企业必须构建与运营新媒体渠道。

6.1 短视频渠道构建与运营的 8 字方法

短视频能够勾起消费者的购买欲望，企业或者个人创建自己的短视频账号尤为重要。搭建与运营短视频渠道需要遵循 8 字方法。

6.1.1 定：做好账号定位，让走红从设计开始

创作者注册账号，进入短视频领域之前，首先需要对自身账号有清晰的定位。清晰的定位，能影响客户的认知心理，增强账号的竞争力，从而提高知名度，增加渠道变现的概率。

账号的定位有通用法则，即"44175 定位法则"。

1. 创作者的四问

"44175 定位法则"中第一个"4"，代表账号内容创作者对自己的四问。

创作者需要问自己以下问题。

（1）我做短视频账号的目的是什么？

（2）我最大的知识储备或优势是什么？

（3）我想卖什么样的产品，消费人群为什么要买该产品？

（4）我对做账号这件事情，有什么样的期待？

2. 四大维度

第二个"4"代表账号定位的四个维度，分别是商业定位、赛道选择、人设搭建和内容风格。

商业定位指创作者想采取怎样的变现路径，明确变现方向。变现是系统工程，也是做短视频的终极目的。从目前运营比较成功的短视频账号来看，赛道选择越垂直，人设搭建越清晰，内容风格越明确，账号的变现能力越强、速度越快。

3. 找到对标账号，深度拆解分析

"44175 定位法则"中的"1"指"找到对标账号，深度拆解分析"，这是在"人设搭建"与"内容风格"维度获取成功的重要前提。

（1）找到对标账号。模仿是超越的前提，新账号创作者使用"先模仿再超越"的策略更容易成功。创作者应拆解至少 20 个账号，其中除同类账号，也包括行业标杆的优秀账号。

找到对标账号的途径很多，简单的办法为在短视频主页的搜索处，输入任何一个想要搜索的类目。

创作者还可以使用如下方法。

（下载）轻抖 APP—（点开）热门达人榜—（点击）潜力榜—（点击下方）美食或剧情搞笑等任何一个对标的类目—（点击）进入任何一个账号—（点击最下方）监控—（点开）发布作品和开启直播两个界面—（点击右下方）保存。

使用该方法，不仅能找到对标账号，还能了解和监控对标账号的基本数据。

（2）正确拆解账号。创作者除了检索，还要学会拆解账号，可以制作表格进行拆解。

表 6.1-1 所示为某个美食类账号的拆解情况。

表 6.1-1　某个美食类账号的拆解情况

拆解指标	具体内容
视频赛道	美食 + 乡村 + 老人
视频场景	农村房间
人物服装	日常家居服
台词特色	主角自言自语 + 旁白解说
视频节奏	平缓
人物特点	老两口，年纪大，可爱，逗趣
画面拍摄	由远及近，从整体到个人，时长 3 秒、旋转镜头 360 度展示 2 秒、拍摄局部特征 3 秒
景别	中景、近景、特写
机位	一般采用 3 个机位
拍摄手法	推镜头、旋转镜头、推镜头
时长	3 秒、2 秒、3 秒
……	……

创作者可以将每个对标账号按以上指标进行详细且专业的拆解，加以深度剖析和归纳总结。

4. 人设搭建和内容风格的七要素

"44175 定位法则"中的"7"，代表创作者需要理解人设搭建和内容风格的七要素，其具体内容如下。

（1）账号类目。账号类目可分为单类目、双类目交叉和多类目交叉三种。单类目账号很多，如"东东姐"（读书类）。双类目交叉如"野食小哥"（农业 + 美食）、"一阐小和尚"（鸡汤 + 动漫）。多类目交叉的代表有"多余和毛毛姐"（地方 + 反串 + 段子 + 多角色）等。

（2）人设元素。人设元素又称为人物设定，即创作者通过视频打造的人物形象和个性特征。

（3）口播风格。口播风格即台词特点，不同的语言表达方式会塑造出截然不同的人物形象。

（4）肢体动作。人物的塑造也可以采用不同的肢体动作。例如"四季妈妈"账号，通过爽朗的笑声、大笑时前仰后合的身体语言以及夸张的动作来塑造人物。

（5）外貌装束。外貌有特点，能让观众在万千视频中记住创作者所创造的人物。若人物外貌缺少特点，则可以通过衣着打造特点。例如"网红叫兽"会固定穿戴红色鸭舌帽作为标志。视频人物尽量不要选择过于常见的服装，否则人物会缺乏记忆点。

（6）空间场景。空间与内容的不匹配会给观众留下创作者不用心、不专业的印象。

（7）记忆点（特色）。记忆点是视频拍摄的重中之重。记忆点可以是长相、服装、标志性动作或语言特点等。创作者应提前明确自身定位，以及想要打造何种记忆点。

5. 最后的五个问题

"44175 定位法则"中的"5"指创作者在研究对标账号和自我定位时所围绕的五个问题。创作者如果能清晰回答这五个问题，则说明定位清晰。五个问题如下。

（1）我是谁？

（2）我是做什么的？

（3）我能给粉丝带来什么价值？

（4）我和其他同类短视频账号有什么不同？

（5）我的竞争优势是什么？

这五个问题也是主页简介的核心内容。对这五个问题有了自己的答案后，短视频账号定位的框架思维即形成了。

6.1.2　注：高效注册账号，开启短视频之旅

注册账号的过程较为简单，下载 APP 后按照提示操作即可，但注册账号有两点需要注意。

1.　即使有账号也要重新注册账号

企业新媒体渠道运营者大都在短视频平台拥有个人账号。然而，这些账号在申请时往往缺乏定位与个人标签意识，所发短视频既无主题，也无统一调性，选题随意。因此，创作者有必要重新注册账号。

当然，也有人认为可以将之前的视频隐藏，但从专业的角度不建议创作者这样做。在大多数短视频平台，账号一般分为僵尸号、最低权重号、待推荐账号、待上热门账号四大类。创作者原有的账号播放量少、权重低，根据数据分类，大概率都会被归类为僵尸号和最低权重号，缺乏营销价值。

2.　注册账号的类别

开通账号前，创作者应明确要开通什么样的账号。以抖音为例，抖音的账号分为如下类别。

（1）蓝 V 账号，即抖音企业号，也叫企业官方账号。抖音 2018 年 6 月 1 日全面正式上线蓝 V 账号，蓝 V 认证较为简单，只需要准备企业营业执照（企业自有）、认证公函（抖音下载）以及认证费（600 元／年）。

（2）黄 V 账号，是指专项领域的账号，创作者需要有专业资质。例如医生、财经从业者、教师、律师等，都需要上传证书。

（3）普通账号，大多数创作者注册的新号都指普通账号。创作者可根据自身情况做出适合自己的选择。

6.1.3　装：装修个人主页，注意吸引粉丝五要素

装修主页又称静态搭建主页，类似线下开实体店，需要将门头招牌和店面装饰漂亮。创作者需要多观摩别人的主页，尤其是对标账号的主页。具体装修应注意以下几点。

1. 账号头图：实体店门头店招

账号头图位于主页界面上方。很多创作者对账号头图的重要性没有充分认识，随意放上一张照片，甚至将头图和封面图混为一谈。

头图的设定应把握三点原则。

（1）不要使用平台默认图片。

（2）头图要与视频类目匹配。例如，某知识类博主的视频内容以卖书为主，而头图宜为图书照片。

（3）头图应能展示创作者的业务范围，让用户知道账号主人是做什么的。

2. 账号名称：昵称是明显的记忆符号

短视频号就是品牌号，好的品牌自带影响力，可以有效降低推广和传播成本。

常用的好记忆、好传播的名称如下。

（1）真实姓名。这类账号个人 IP 感比较强，便于人设打造，适合以人物为主的内容账号。名人适合使用真实姓名，普通人真实姓名不具备辨识度和记忆点，因此不建议使用真实姓名，除非个人名字很有特点。

（2）行业关键词加昵称，例如"厨师大李"等。这类账号人物行业属性较强，创作者若从事垂直行业，可以考虑类似起名方式，使得粉丝画像更清晰，更具针对性地吸引粉丝。

（3）兴趣爱好加昵称，例如"爱街舞的 ×× "。这类账号人物

的兴趣爱好鲜明，能做到精准吸引粉丝。

（4）人物名称加感受，例如"超乐观的××"等。这类账号情感形象鲜明，容易引起注意。

（5）地名加行业或者昵称，例如"北京地产×哥"等。这类账号重点在地名，聚焦某一地区，围绕当地资源展开。

3. 账号名称注意事项

除了以上五种账号名称分类外，创作者在账号名称方面还需注意以下几点。

（1）名称要简单，3~8个字符为佳，尽量短小精悍，太复杂的名称不方便记忆。另外，取名尽量不要使用外文。如果要使用，也应当让名称有特点。

（2）名称不可太大众化，要有个性和特点，否则缺乏识别度和记忆点。

（3）不要有太明确的广告信息，名称中更不能含有贬义词，否则会让人产生负面联想，丧失好感度。

（4）名称可修改。如果感觉名称不够理想，无须太纠结，先用后修改。

4. 账号头像：展现良好形象

创作者如果是品牌方，可使用品牌标识作为头像。创作者如果是有影响力的个人，则可使用个人头像。

设计头像时需要注意以下几点。

（1）不可随便取一张图片作为头像，也不宜用风景或除脸部外的局部身体图片，否则会显得账号不专业，减少用户的信任感。

（2）头像应采用人物头像特写或人物中景，这样容易记忆，切勿使用全身远景或除脸部外的局部身体图片。

（3）人物应带有情绪，不宜太严肃、呆板，以便加强用户记忆。

（4）头像应和名称呼应，两者之间紧密相关，便于强化用户记忆。

5. 账号简介：引导用户关注账号

账号简介，能积极引导用户对账号产生兴趣。在简介中，创作者不仅需要用简洁的语言让用户了解账号内容，还需要说清楚账号对用户的价值。

表 6.1-2 所示为简介三段论。

表 6.1-2　简介三段论

解决用户问题	简介三段论	举例
你是谁	可通过一段描述展现你的优势，如资质、阅历和专业性	例如，小呆说视新媒体行业从业人员
你能做什么	说明对用户的价值，是知识、咨询、情感支持还是购物优惠	例如，关注我，让你的家庭更和谐
怎么才能找到你	例如实体门店地址、电话、邮件等	例如，×× 主持人，商务：186 1×××　××××

除此之外，创作者还需要注意以下事项。

（1）简介要用多行文字表达，且配上提示符号。

（2）不管用多少文字，必须提炼出打动粉丝的一句话。

（3）简介中要明确出现"关注"字样。

（4）切勿出现导流和往私域引导的字样，更不要出现"微信"二字。

6.1.4　文：写好文案，破解脚本编写困境

短视频账号的产品是视频，而视频的核心在于选题、文案、模型公式与脚本。

1. 选题

选题，即创作者想要表达的内容主题。选题有如下方法。

（1）蹭热点选题。市场上有令人关注的事件发生时，创作者可以围绕事件进行内容创作。这种"蹭热度"方法有条件约束，即热点必须与账号定位或人设有关联，且必须在2小时内完成，讲究时效、专业和速度。

（2）撰写常规选题内容。常规选题内容是内容创作的常态，其主要目的为强化人设。常规选题需要提前1~2天完成，选题包括提纲、标题和主要素材。常规选题不讲究时效性，创作者需要耐心打磨，不能断更。

（3）撰写系列选题内容。例如某抖音号的内容为宏观经济、国际趋势以及几个主要国家的历史，是一系列有关联的选题。这种选题方式可以增加用户黏性，对时间要求没那么紧迫，但需要未雨绸缪，提前1~2周完成策划为宜。

2. 文案创作的基本要求

文案与脚本是短视频创作绕不开的话题，是短视频思想内涵的载体。

文案，即策划与撰写的短视频标题、正文、故事情节或口号。创作者需要了解文案创作的基本特点，清楚文案创作者应具备的素养。

（1）创作者需要用心。创作不仅需要经验与灵感，还需要处处留心、观察、思考和总结。

（2）创作者需要拓宽知识边界，广泛涉猎营销学、心理学、文学、语言学、社会学甚至美学，否则很难做到长期原创。

（3）创作者需要有作家与编剧思维。好的短视频必须具备故事情节，要与目标用户产生情感共鸣来达到吸引、传播和说服的效果。

3.　"爆品"万能公式

"爆品"万能公式有时间万能公式和带货万能公式两大类型。

（1）时间万能公式也叫 20 秒公式。20 秒泛指短视频开头前 20 秒。图 6.1-1 所示为时间万能公式。

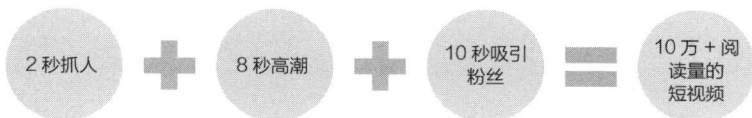

图 6.1-1　时间万能公式

创作者只要熟练掌握该公式，就有机会创作出 10 万阅读量以上播放量的短视频。

① "2 秒抓人"指视频重点内容前置。假设创作者想制作红烧肉教学短视频，为了吸引用户眼球，视频开头应当展示美味的成品，否则用户会很快滑到下一个视频。因此，决定用户的停留的前 2 秒对短视频而言至关重要。

② "8 秒高潮"指用户在观看视频中有代入感。短时间内就能获得愉悦的体验。一些创作者为了追求完播率，视频开场即结束，全程没有任何高潮、转折；另一些创作者所拍摄的视频叙事很长。这两种视频都很难留住用户。

③ "10 秒吸引粉丝"的关键在于文案，文案必须起到以下三点作用。

第一，挖掘用户痛点。痛点指用户在生活或工作中遇到的问题。短视频文案需要从痛点出发，让用户产生共鸣，吸引用户的注意力。

第二，短视频需要拉近与用户的距离。将兴趣相同的人或大家都崇拜的人的形象植入短视频，就会和用户拉近距离，从而增加信任度，转粉、转化就有了可能。

第三，短视频要体现价值。用户对短视频内容的点赞、转发和关注都基于短视频对用户有价值。

（2）带货万能公式。

图 6.1-2 所示为带货万能公式。

图 6.1-2　带货万能公式

以伞的带货短视频内容为例，创作者可以将视频进行要素拆分，套入带货万能公式中。

表 6.1-3 所示为伞的带货短视频要素拆分。

表 6.1-3　伞的带货短视频要素拆分

项目	举例
话题（痛点）	"可以防台风的雨伞，你见过吗"
实物展示	快速展示雨伞的防风能力
特征描述	描述产品的工艺、用料、做工和特色，突出产品品质
利益诱导	抛出价格优势，引导用户下单

4. 脚本

文案偏策划与战略，脚本更偏重战术与执行。脚本是拍摄视频的依据和行动指南。一切参与视频拍摄的人员，包括演员、摄影、剪辑、服装、道具等参与人员的行为都必须根据脚本进行。

脚本的框架可总结为"2115 脚本框架"。其中"2"是指两大类要素——外在要素和内在要素，"11"是内外要素的总和，"5"指五个短视频脚本参考模板。

（1）关于两大类要素，创作者需注意五点外在要素。

①文案内容需要经过审核。文案必须经过运营或者小组讨论且审

核通过，避免出现选题好、内容差的现象。

②视频需要明确拍摄主题。例如美妆账号拍摄主题为 9 月好用物品推荐等。

③视频拍摄需要确定拍摄场景。

④创作者需要敲定拍摄时间。拍摄时间分为整体时间和分场景时间。整体时间为视频整体时长，分场景时间指各分镜的视频时长。

⑤视频拍摄需要确定参与人员，合理安排角色，分工协作。

（2）关于内在要素，创作者需注意六点内在要素。

①画面。创作者需设计每一个镜头的内容、展示的情绪。

②台词。创作者需要确定人物是否说台词、台词内容、配合的画面与表情等。

③拍摄景别。不同的运镜有不同的效果，应设计全景、中景与特写等，配合不同的拍摄内容。

④肢体动作。例如美妆视频需要在视频中展示化妆的手法、步骤，探店类美食视频需要展示进食动作等。

⑤主线。视频拍摄需要贴近主线，否则容易出现逻辑不通顺的情况。

⑥备注说明。对未尽事宜或者重点细节做提示性备注说明。

（3）短视频常用脚本模板。表 6.1-4 所示为短视频拍摄常用的脚本模板。

表 6.1-4　短视频拍摄常用的脚本模板

脚本名称	脚本内容
秀产品脚本	固定人群 + 提出问题 + 介绍产品 + 行动建议
晒过程脚本	满足好奇心 + 获取信息 + 情绪价值
教知识脚本	直击问题 + 赞评引导 + 分析原因 + 提供措施
讲故事脚本	铺陈 + 冲突 + 解决
情景剧脚本	互动式提出问题 + 现象 + 反转 + 结论

6.1.5 拍：如何拍好画面，拍出高播放量短视频

想让短视频产生吸引力，就应努力达到专业拍摄水准。拍摄水准主要受拍摄设备和拍摄技巧等因素影响。

1. 拍摄设备

拍摄设备属于拍摄过程中的硬件。

（1）手机拍摄。智能手机是拍摄短视频的入门级设备，其使用优点比较突出，包括机身便携、操作简单、分享方便等。

（2）单反相机或高清摄像机。用专业拍摄设备记录的视频画面更高清，背景虚化能力也更强大。创作者还可根据拍摄题材更换镜头，如能结合计算机对采集的视频素材进行二次创作，则效果更佳。

2. 辅助设备

（1）手机支架。手机支架是让手机固定在某处，保持手机稳定的工具。辅助设备的市场价格不高，品牌较少，产品质量参差不齐，购买时需要多加对比。

（2）三脚架。三脚架比手机支架更专业，可以自由伸缩，满足不同场景下的短视频拍摄要求。大部分三脚架都具备蓝牙和无线遥控功能，不仅可以解放双手，还能远距离操控手机。

（3）手机云台。手机云台能自动根据短视频创作者的运动调整手机方向，使手机一直保持在平稳状态。

（4）八角补光灯。这是摄影行业很常见的灯光设备，能营造出既均匀又柔美的光线和阴影。拍摄时通常使用三个补光灯，分别放置于被摄主体的顶端和两侧低位。通过调整三面光线的明暗来突出被摄主体的立体感，适合带货、唱跳等短视频拍摄场景。

（5）顶部射灯。顶部射灯是比较好的补光工具，光效自带复古效果。可以根据不同拍摄面积，选择不同强度和数量的顶部射灯。

（6）美颜面光灯。美颜面光灯适用于彩妆造型、美食试吃、直播等视频场景。其通常有美颜、美瞳、亮肤的功能。拍摄时可随场景自由调整光线亮度和补光角度，拍出不同光效。

此外，还有话筒（领夹式／指向型）、运动相机、无人机等拍摄设备。

3. 视频拍摄的基本技巧

视频拍摄有如下基本技巧。

（1）相机设置。拍视频前选择正确的分辨率和文件格式很重要。通常建议创作者将分辨率设置为 1080p（FHD）、18：9（FDH+）或者 4K（UHD）。其中，FHD 指全高清模式。FHD+是指 1080p 的加强版，一种略高于 2K 的分辨率。UHD 是超高清模式，通常指 4K，分辨率是 FHD 模式的 4 倍。

（2）精准对焦。对焦指用手机拍摄短视频时调整镜头焦点与被摄对象之间的距离。用手机拍摄人物时，对焦框自动锁定人物面部意味着手机中的"自动曝光／自动对焦锁定"功能被开启。若不想锁定面部，可以通过手指触碰屏幕调整位置，开启手动对焦。

（3）专业构图。构图指将画面中的拍摄主体放到合适位置，使画面更具有冲击力和美感。以下为常用构图方法。

①黄金构图法。在图像上画一条对角线后，找到对角线的垂直线，垂直线与对角线的交叉点就是黄金分割点。可以将拍摄主体放置于黄金分割点，这样可以让画面更加饱满。

②九宫格构图法。九宫格构图法也叫井字形构图法，即用四条线将画面切割成九个格子，拍摄时将拍摄主体放在稍偏离中心的位置，这是观众比较关注的位置，可以使短视频画面相对均衡。

③中心构图法。中心构图法是将拍摄主体放在画面中央作为视觉

焦点的拍摄方法。这种构图法的优点是主体非常突出，画面平衡，比较适用于特写镜头。使用这种方法时需注意保持背景干净整洁。

④框架式构图法。框架式构图法指利用各种前景框架将画面的重点内容框起来。可以作为框架的元素有很多，例如门框、窗框，以及树木、花草、石头形成的类框架等。这种构图法能充分引导观众注意框架内容，也可以让画面更有立体感。

此外，还有适合拍摄风景和建筑的三分线构图法，适合拍摄海平面、草原、地平面等的水平线构图法等。创作者可根据需要学习，选择适合的构图方式。

（4）景别选择。景别分为远景、全景、中景、近景和特写。在拍摄短视频时，创作者要根据脚本的主题选用合适的拍摄景别，增强画面的表达力。

①远景一般用来展示环境全貌、人物及其周围广阔的空间环境。一般多用于拍摄自然景色和群众活动场景。

②全景主要表现人物全身，例如体型、衣着打扮，清楚交代人物身份，适用于情景剧的开头或者结尾。

③中景为场景局部画面，可用于对话和内心戏的场景。与近景不同，中景更有利于兼顾表现人物之间、人物和周边环境之间的关系。

④近景为人物胸部以上部位或物体的局部画面。近景拍摄时能清楚地看清人物细微动作，有助于着重表现人物的面部表情。

⑤特写拍摄时，拍摄主体充满画面，拉近与观众的距离。特写可用于产品介绍和细节展示。

（5）运镜技巧。运镜是拍出有吸引力、有张力的短视频的基本技巧。"8字运镜法"如下。

①"推"指拍摄者将拍摄主体置于画面中，随后将镜头推向拍摄主体。推镜头一方面把主体从环境中分离出来，另一方面提醒观看者

对主体或主体的某个细节特别注意。

②"拉"是推镜头的反向操作，拍摄者将拍摄主体由近至远、由局部到全体地展示出来，强调主体与环境的关系。

③"摇"类似人的眼睛转动着看周围事物，指摄像机的位置不动，只做角度的变化。拍摄者利用活动底盘使摄像镜头上下、左右旋转拍摄，对拍摄主体的各部位逐一展示，或展示规模，或巡视环境。

④"移"指摄像机沿着水平方向移动并拍摄。移动拍摄可产生巡视或展示的视觉效果。如拍摄主体处于运动状态，移动拍摄可使画面产生跟随的视觉效果。

⑤"跟"指镜头始终跟随运动主体进行跟踪拍摄，这可以更好地表现运动的物体。

⑥"升降"是指摄像机上下运动进行拍摄，常用于展现事物的规模、气势或表现处于上升或下降运动中的人物。宏大的场面经常使用升降镜头。

⑦"甩"指快速移动镜头，使画面与画面之间影像模糊，变成光流，这是一种特殊视觉效果表达。具体操作是在前一个画面结束时，镜头骤然转向另一个方向，用来表现时间、空间的急剧变化，使观众产生急迫感。

（6）光线运用。合理利用光线，能让视频画面更细腻清晰，短视频效果也更加出彩。

短视频拍摄中一般常用的光线有 4 种，分别是顺光、逆光、侧光和顶光。顺光展现被摄主体的细节和色彩。逆光营造剪影和特殊效果，增强艺术感染力，但普通人较难驾驭。侧光能突出立体感和空间感。顶光在拍风景时用得较多，拍出的视频有很强的通透感。顶光通常较少用于拍摄人物，因为很可能导致人物鼻子下方完全处于阴影中。

视频拍摄重在实践，新媒体渠道管理者多实践、多总结，才能熟能生巧。

6.1.6　剪：七大剪辑技巧，剪出大片

高质量的短视频与拍摄有关，还与剪辑有关。市场上有很多剪辑软件，剪辑从专业化向大众化迅速迈进。

1. 剪辑软件介绍

常用剪辑软件如下。

（1）剪映。剪映是抖音官方专门为抖音创作者服务的免费手机视频剪辑 APP。剪映操作简单，功能齐全，具有变速功能，又有丰富的滤镜和曲库资源，非常适合抖音创作新手使用。

（2）快影。快影是与快手官方深度捆绑的一款视频剪辑 APP。创作者可以直接套用模板进行拍摄，软件中素材比较丰富，可以满足创作者的基本剪辑需求。

（3）快剪辑。快剪辑是 360 公司旗下的产品，支持苹果和安卓系统，创作者在 PC 端也可以使用快剪辑，但其开屏广告和内置广告比较多。

除了上文提到的剪辑软件，还有猫饼、巧影、Aimersoft Video Editor、Adobe Premiere、爱剪辑、EDIUS 等视频剪辑软件，创作者选择喜欢的剪辑软件即可。

2. 剪映视频剪辑的 14 个基础操作

以常见的剪映 APP 为例，视频剪辑的基础操作如下。

（1）视频素材导入。点击"开始创作"后添加需要剪辑的素材，用两指调整素材比例。多余的素材可通过按住素材来调整素材位置，选中不需要的视频后直接点击下方删除即可。

（2）视频比例设置。创作者可根据需求在屏幕下方设置比例。抖音创作者推荐使用 9 ∶ 16。

（3）视频编辑。选择需要编辑的视频，点击编辑就可以对视频进行镜像、旋转以及裁剪。

（4）视频分割。点击需要分割的视频，滑动到需要分割的位置后点击分割即可。

（5）视频变速。选择需要变速的视频，点击变速后选择常规变速，或者变慢以打造唯美视频。如果视频中有人声，可以选择声音变调。

（6）视频背景。在屏幕下方找到背景，可以在画布颜色中选择喜欢的颜色作为背景，也可以使用剪映中的画布样式。

（7）视频画中画。点击屏幕画中画后选择新增画中画，在"最近项目"和"素材库"选择合适的素材进行添加，添加后调整素材（视频和图片都可添加）的大小以及位置。

（8）字幕识别。视频中人物对话特别多时可以使用字幕识别。点击屏幕下方文本后点击"字幕识别"，在软件开始识别前选择"是否清理已有字幕"，识别完成后检查内容是否正确。若识别的字幕有错误，可手动更改。

（9）字幕美化。选择字幕后点击样式可添加字体颜色、花字、气泡和动画等。

（10）视频特效。剪映中的许多特效可以免费使用，点击屏幕下方特效，选择合适的特效即可。

（11）视频贴纸。在屏幕下方找到贴纸，并在界面中选择满意的贴纸或直接搜索关键词。

（12）视频滤镜。对颜色不满意的视频，创作者可在屏幕下方选择滤镜后挑选主题。添加完滤镜后需要调整滤镜范围，否则只有一部分视频有滤镜效果。

（13）背景音乐。点击屏幕下方"音频"就可以为视频添加背景音乐，平台自带音乐和抖音收藏音乐都可以直接使用。如果想导入非平台音乐，创作者需要注意版权问题。

（14）导出。制作完成后，检查一遍视频内容和分辨率（抖音建议选择1080P、30帧），没有问题即可直接导出。

6.1.7 音：如何配音配乐，让作品更有感染力

短视频由视频和音频两部分组成，其中音频的设置有多种方法。图6.1-3所示为"11发声法"。

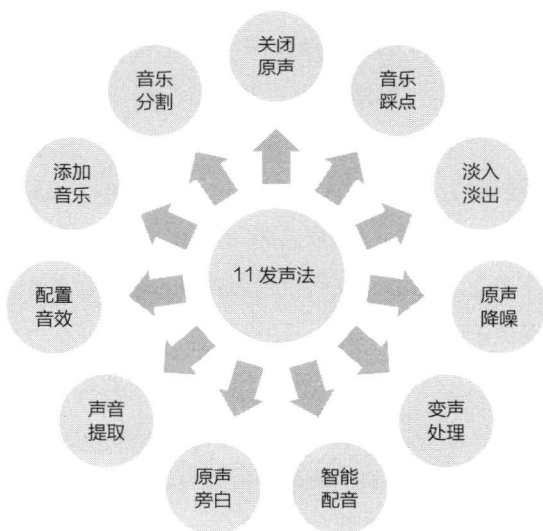

图6.1-3 11发声法

以下将具体阐述这11种常用配音配乐功能。

1. 关闭原声

关闭原声对视频后期创作很重要。在录制视频的过程中，视频中会有干扰音和环境音。环境音指户外场景中嘈杂的声音。干扰音指非视频需要的声音，例如创作者在录制视频时的装修声，这种声音通过关闭原声就可以解决。

2. 配置音效

音效配置一般分为场景音效和转场音效。鸟叫、雨声、笑声和掌声等属于场景音效。转场音效指视频画面转化时的音效，转场音效可以让画面之间的切换变得更自然。无论哪种音效都是为了视频画面更逼真、更生动，让用户有身临其境的感觉。

创作者可以使用软件中自带的音效库，还可以连接第三方网站，例如爱给网等。

3. 添加音乐

原声关闭后视频处于静音状态，创作者可以将视频原声替换成想要的音乐。音乐添加具体有以下四种方式。

（1）通过本地音乐库添加视频。

（2）通过短视频平台收藏功能添加音乐。

（3）通过复制链接添加音乐。

（4）添加手机相册里的视频音乐，使用该方式提取音乐时需要注意版权问题。

4. 音乐分割

分割就是裁剪。短视频时长较短，但音乐时长较长，因此视频剪辑时需要剪裁掉多余的音乐。

5. 声音提取

声音提取可以帮助创作者将短视频平台上自己喜欢的配音和配乐

提取保存。

6. 原声旁白

原声旁白指直接为视频录音。

7. 智能配音

创作者不希望用自己的原声配音，可以选择剪映APP的文本朗读功能，进行智能配音。

8. 变声处理

变声处理主要是为了改变短视频节奏，增加视频趣味性。剪映APP中的变声功能支持打造各种不同类型的音色（例如女声、男声、怪物声等），创作者挑选符合视频内容的音色即可。

9. 原声降噪

室外拍摄的音频素材都有噪声，噪声影响视听效果，因此创作者需要对原声进行降噪处理。但剪辑软件的降噪效果普遍不太好，创作者对音质要求较高时，可以使用无线领夹麦。

10. 音乐踩点

音乐踩点又名短视频卡点，即短视频跟着音乐的节奏切换画面。这类短视频节奏感较强，也是目前短视频平台比较热门的一种形式。

11. 淡入淡出

淡入淡出功能主要能解决音乐出现和结束太突然导致声音过渡变换不自然的问题。

好的声音效果是短视频创作成功的重要因素，创作者多进行声音的剪辑即可掌握以上功能。

6.1.8　封：如何设计视频封面，让视频更有魅力

封面图是整个视频在未点开前呈现给用户的图片，是用户进入视频主页后首先看到的东西，对账号吸引力的提升有重要作用。

1.　封面图的重要性

封面图有如下重要价值。

（1）关系初始印象分。封面图直接影响用户是否有兴趣点开观看短视频。如同陌生人首次见面，初始印象决定是否有兴趣继续相处下去。

（2）"记忆强植"工具。统一的标识或元素会让用户将图片与账号相联系。封面图可以强化个性标签，给用户留下深刻印象。

（3）提升流量。短视频平台的推荐算法会从标题和封面文案中提取关键信息，将短视频推荐给可能感兴趣的用户，封面图是传达视频内容的直观因素。

2.　制作封面图的关键注意事项

封面图的制作存在固有方法。图 6.1-4 所示为封面图制作公式。

图 6.1-4　封面图制作公式

封面图制作公式的核心元素是标题和图片。好的标题和图片设计，能助力短视频内容的传播，而缺乏吸引力的标题和图片设计则有可能使一个优秀的短视频播放量不佳。

（1）标题。短视频的标题需要吸引眼球。平台的推荐机器人会根据视频标题做推荐，标题是流量的重要影响因素。

标题有以下 10 种创作类型。

①量化标题型。量化标题指在标题中直接以量化方式为用户展示视频内容，并通过数字让用户直接感受视频内容对解决痛点的有效性。例如，"还为大肚腩发愁吗？1招帮你搞定"，这个标题会引起有减肥需求用户对视频的好奇心，从而增加视频点击率。

②问题热评型。例如"如果我告诉你有一天可以挣××元，你信吗？"，这样的标题可以带来流量，且容易引起用户大量评论。

③直戳痛点型。用户在生活或工作中的困难、纠结等都是痛点。例如，看到"领导三年不给你涨工资，一定是因为这件事"，职场人大多会点进去看是哪件事。

④算法关键词型。短视频平台算法会通过标题关键词进行分类推荐，点击率高和评论、转发数量多的短视频被推荐的可能性更大。针对这一特点，创作者可以在标题中加入热点话题，增加算法推荐概率。当然，视频内容需要和标题相符，否则会给用户留下不好印象。

⑤距离拉近型。第二人称"你"往往能拉近与用户的距离，与用户切身利益有关的事才能吸引用户的关注。例如"你知道你为什么莫名其妙地伤感吗？"，用户会对号入座，不自觉点开视频。

⑥疑问好奇型。勾起用户的好奇心，让用户对视频内容好奇，例如"如何辨别白酒的真假？"。

⑦教导痛点型。对父母而言，子女教育是他们的痛点。例如"教你教育好孩子"等标题，极有可能引起父母群体的关注。

⑧吸引泛粉型。对于刚起步而想要增加粉丝基数的账户，稍显夸张的标题会引发评论和围观。例如"××最爱吃的农家小炒肉"就很可能引起用户的讨论，提升账号数据。

⑨总结洞悉型。总结用户的生活状态或者性格类型，例如"用一句话总结过春节时的你"就会引发用户共鸣。

⑩真相大白型。典型的真相大白型句式结构有"没想到！一个流

浪汉写字后，竟然……"，此时用户会好奇"竟然"后的内容，视频的点击率也就自然提升了。

标题创作有很多方法，让用户真正驻足的，是能真正为他们提供价值的视频。

（2）图片。图片共有五点注意事项。

①确保图片清晰。

②图片上标题文字醒目，文字尽量不要遮挡人物面部表情。

③主题突出，精简图片元素。

④大标题与下方小字文字不要重复，尽可能给用户更多参考信息。

⑤图片需要统一模板和格式。

整体而言，好的封面图需要做到图片清晰，标题吸睛，让用户直接看到重点。

6.2　头部达人的"爆款"短视频底层逻辑

随着互联网与各大短视频平台的迅速发展，涌现出了一大批网络达人。他们凭借流量变现的方式，迅速累积资本，实现身份转变。

当自媒体行业逐渐成熟规范，在这个竞争激烈、残酷而利益巨大，人人皆试图分杯羹的增量渠道中，普通人如何进入并获得实际收益？

6.2.1　完播率：如何让人不由自主看下去

完播率的高低，是区别普通创作者和头部达人的重要指标。对于初入行业的普通创作者而言，直接有效的办法就是先降低对流量、点赞、转发、评论等指标的期望值，集中关注视频完播率，确保用户看到视频后有看下去的兴趣。

对多个头部达人优秀作品拆解以及长时间实践，提升完播率的方法可以归纳为 5 个法则。

1. 法则一：一类问题

绝大部分人初接触短视频营销渠道时，必然有过一些问题：如何提高短视频的吸引力？怎样制造一条有亮点的短视频？别人的短视频超强的代入感源于哪里？为何他人短视频的数据指标十分优秀？

这些问题本质同属一类，都是如何在短视频中创作出使用户"看下去"的吸引力。

2. 法则二：一些观察

经过观看、拆解、分析大量具有吸引力的短视频，下文中将复原用户观看时的"心理变化"。

表 6.2-1 所示为"四季妈妈"案例拆解。

表 6.2-1　"四季妈妈"案例拆解

时间	变化
1s	你知道男女朋友吵架之后在想什么吗
3s	你太天真了，他想的是她怎么又生气了
4s	哈哈哈哈
6s	反观有一些人，吵架之后内心可丰富了
9s	第一想法是五分钟之后他还不来哄我，就不理他了
12s	两小时以后想，我是不是也有一点错呢？不！他错得更多
15s	六小时了他还不来哄我，我就要生气了

通过以上案例不难看出，视频开头部分尤为关键，必须确保开场即吸引人。

3. 法则三：一些期待

吸引用户"看下去"的方法就是"建立用户期待"。为更深层次理解这一法则，可从动作、动机、诱因层面等展开分析。

用户选择"看下去"主要是受其心理影响，视频每一秒的场景会影响用户是否停留，每个动作都体现了用户心理上的微妙动机。其所有动机都来源于视频内容中预先设置的诱因。

实际上，用户的动机归根结底在于"实用主义"，无论是长期实用还是短期实用，但一定是提供了某方面的价值。在洞悉其需求和动机后，创作者就需要采取适当方式。例如可以在视频的起始处，引入相关热点话题，由此给用户第一印象中植入某种动机，从而建立观看期待，塑造强大的吸引力。

4. 法则四：一些方法

短视频渠道不适合闭门造车，创作者必须在视频的创作中适当添加不同要素，为视频注入新的活力，确保在信息高速更迭的时代始终紧扣话题脉搏。

（1）以音乐为诱因，建立期待。不同的音乐风格，会引发用户不同的情绪反应，从而直接建立起相应的观看期待。在短视频平台被广泛使用的热门音乐，往往与某类内容方向有紧密的绑定关系。当该音乐响起时，用户将下意识联想出相关内容，同时建立期待，猜测后续的剧情发展。

例如，常见音乐类型有欢快、舒缓、诙谐、煽情、强节奏等。利用"诙谐的音乐"建立诙谐幽默的氛围，利用"煽情的音乐"建立感人动情的场景。

（2）以人物魅力为诱因，建立期待。在短视频领域，用户更偏爱真人露面、具有现场感的视频。出镜人物的魅力，是吸引用户关注度的重要砝码。不同类型的人物魅力，会触发用户的不同心理预期。例如俊男靓女容易吸引用户目光，名人出镜容易激发用户兴趣，特殊的造型或妆容更易引发用户好奇。

（3）以视觉奇观为诱因，建立期待。视觉奇观指奇特且罕见的事物，在短视频领域多为难得一见的自然景象，或是独特新颖的视觉效果及剪辑手法。在期待被满足之前，用户将被视频牢牢吸引。

（4）以明确告知为诱因，建立期待。视频开始便可明确告知用户该视频的主题，如果主题足够有趣或与用户的生活息息相关，将成功激发用户的好奇心与求知欲，使其产生了解更多的兴趣。

常见的告知方式如利用"视频封面"明确告知主题，利用"开场抛出问题"诱发好奇求知的兴趣，利用"开场抛出利益点"让人期待获得更多。直奔主题往往比拐弯抹角更容易获得用户青睐。

（5）以身份代入为诱因，建立期待。用户会更关注与自身相关的内容，若在视频开始便明确受众人群的身份标签（地域、职业、爱好等），将极有可能引起观众的兴趣。

（6）以文案预告为诱因，建立期待。除视频内容本身之外，视频发布时配上简介文案，也是吸引用户的重要手段。一条优秀的文案可以直接预告内容亮点，制造悬念使用户产生期待，从而增强视频的吸引力。

表 6.2-2 所示为常用的文案预告方向示例。

表 6.2-2　常用的文案预告方向示例

方法	文案
精华提炼	一看就会做的水煮鱼做法
引起好奇	没想到是这样的结局！这么大的子弹你肯定没有见过，太强悍了
亮点预告	答应我看完好吗？看到最后笑喷了！猜中了开头没猜中结尾
真实动情	暖心，这位警察叔叔，当你抱起老人的时候，我就决定，一定要让你火起来

5. 法则五：易传播

吸引用户兴趣，使其产生情绪波动并决定继续观看，是短视频不断提升热度的必经过程。表 6.2-3 所示为短视频易传播的要素。

表 6.2-3　短视频易传播的要素

关键点	营造氛围	方法及注意事项
笑点	觉得有趣生动	思考趣味点所在、具体表现方式
泪点	觉得感动悲悯	代入用户，制造共鸣
新奇点	觉得猎奇新颖	多以创造性思维看待事物现象
美点	觉得赏心悦目	视频需迎合大众的审美
吐槽点	觉得刺耳抬杠	谨慎选择争议话题，注意遣词造句
痛点	觉得痛心愤慨	深化主旨，洞悉是非，带动用户情绪
痒点	觉得词不达意	剖析大众普遍现象，借视频输出观念
爽点	觉得顺畅舒适	解决用户困扰或使其获得新知

6.2.2　大流量：如何巧妙获得和使用流量

在互联网时代，流量意味着用户触达，流量多，代表转化可能性大。

为了获取尽可能多的流量，短视频创作者应注意以下事项。

1. 了解流量推荐机制

短视频内容创作完成后，如何让更大范围的用户观看是一大难题。

（1）初始流量池。倒三角流量池总共分为八级流量池，再加上初始流量池与推荐流量池，平台的流量池等级共计九级。其中初始流量池，又称 G 级流量池，是在首次发布视频时平台分送的基础流量，该曝光量一般都分布在 300~1000 阅读量，其中 500 阅读量较为普遍。

（2）推荐流量池。除平台给予的基础流量外，余下的流量曝光则与视频的数据指标相关，这是从初始流量池进入推荐流量池的关键。推荐流量池又分为 F、E、D、C、B、A、S 七个等级。图 6.2-1 所示为七类流量池划分。

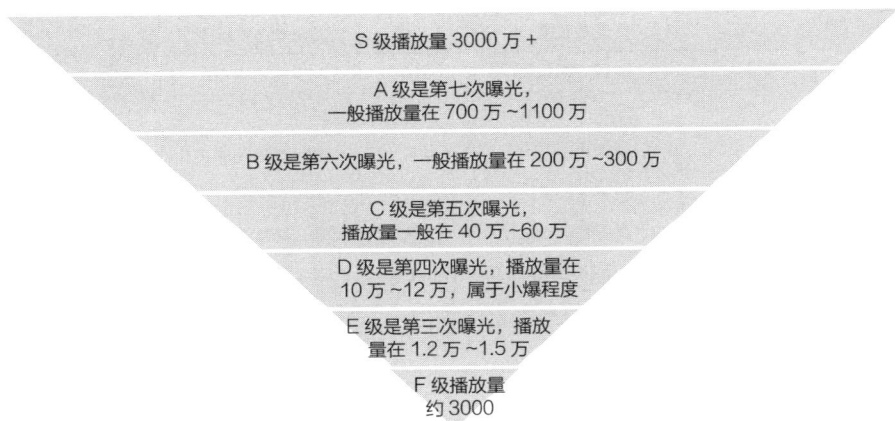

S 级播放量 3000 万 +

A 级是第七次曝光，
一般播放量在 700 万 ~1100 万

B 级是第六次曝光，一般播放量在 200 万 ~300 万

C 级是第五次曝光，
播放量一般在 40 万 ~60 万

D 级是第四次曝光，播放量在
10 万 ~12 万，属于小爆程度

E 级是第三次曝光，播放
量在 1.2 万 ~1.5 万

F 级播放量
约 3000

图 6.2-1 七类流量池划分（单位：次）

创作者需根据流量池划分标准，掌握短视频的内容制作方式，再考虑点赞、评论、收藏、转发、关注等数据，这些决定视频能否进入下一个流量池。

2. 明确流量来源路径

创作者了解短视频流量从何处而来后，解决流量问题的方法自然清晰可见。

业内将短视频流量来源理解为"2322 流量源"。其中，第一个"2"是指流量分为自然流量和付费流量两大类；"3"是指自然流量的常用来源由推荐、同城、关注三种流量源组成；第二个"2"是指自然流量的两个隐藏来源，分别是推荐给可能认识的人和同城展示；最后一个"2"是指付费流量分为挂小黄车短视频和不挂小黄车短视频（电商类视频），前者仅适用于 DOU+，后者在 DOU+ 和小店随心推皆可使用。

图 6.2-2 所示为四种流量源之间的关系。

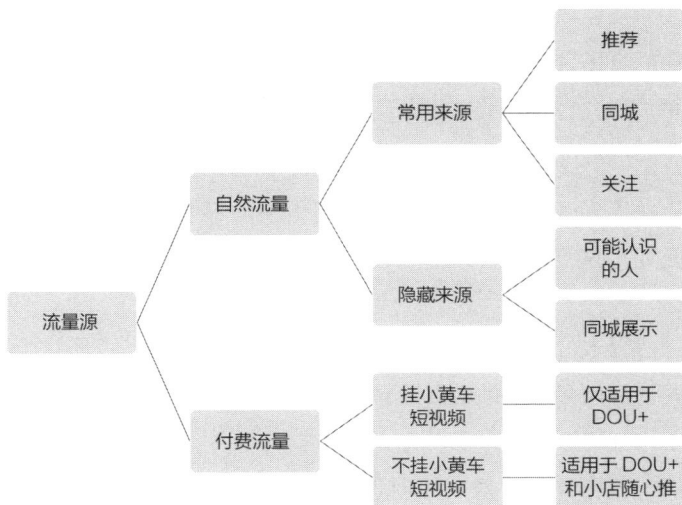

图 6.2-2 四种流量源之间的关系

创作者在掌握流量源分类后，应具体了解每种流量来源的特性与优化方式，打通多类流量渠道，筑建属于自己的流量池。

（1）自然流量。

自然流量是指免费流量，此类流量的获取不需支付额外的成本，是形成创作者流量池的基础。

以抖音平台为例，抖音 APP 首页上方的工具栏中标有"同城、探索、关注、商城、推荐"等分类，代表几类不同的流量入口，下文将详细介绍重要的几个。

①推荐流量。推荐流量又细分为自然匹配和主动搜索两种流量途径。

自然匹配是系统针对视频内容进行分析归类后，基于平台数据算法，将视频推送给可能感兴趣的用户，从而完成流量分配的一种方式。该方式下，创作者对流量推送的用户情况无法预计，这便是部分视频内容质量较差却流量较好的原因。

在抖音平台，用户所拍的任何视频，一旦审核通过后便会被分配基础播放量，也就是前文所提及的"初始流量池"。平台会根据算法为每个作品分配初始流量池，多数情况下推荐量在 200~500 次。

这也是短视频平台迅速发展并吸引大批优质创作者的原因，即去中心化。平台会自动匹配相应的流量，创作者不用担心视频内容无人观看。

主动搜索是指当用户搜索关键词时，系统对视频内容进行分析归类，将对应内容主动推送至搜索相关内容的用户。

创作者该如何把握搜索流量呢？

第一，标签足够清晰。创作者需明确自身定位，提高内容垂直度，以便用户精准搜索。

第二，名称直接明了，尽可能少含英文名。

第三，排名靠前。同一标签定位下，播放量和点赞量越多，排名越靠前，更容易赢得搜索流量。这要求视频的内容质量足够优秀，拍摄效果好。

②同城流量。抖音上方会分别显示当地地名（会自动定位到创作者所在的城市）、关注、推荐等多个功能板块。快手主页上方也显示探索、关注、发现、同城等多个功能板块。

以抖音为例，同城流量分为 POI 定位和信号基站识别。

1）POI 定位指通过主动添加定位信息，增加本地流量曝光机会。

2）信号基站识别是系统对发布视频的手机卡信号识别后，将内容推荐给信号站附近的人。当出差在外时，无论是否点击同城号，都会浏览到许多当地账号，这就是信号基站识别功能的作用。

③关注流量。要实现关注流量最大化，需要注重粉丝量和粉丝活跃度两个指标。粉丝量主要通过沉淀积累达到扩大粉丝端流量的效果。

粉丝活跃度是关注流量的重要指标。某些账号看似拥有庞大的粉丝基数，但账号后台所给出的粉丝画像，一半以上是静默粉和中度、轻度粉丝，重度粉不到三分之一。抖音推出铁粉系统，视频发出后优先推荐给铁杆粉丝，粉丝反馈的数据可观，视频才能有更大范围的曝光。而账号的粉丝大部分为静默粉，数据转化效果自然不如人意。因此，除了粉丝数量，粉丝质量对关注流量的影响同样不小。

④隐藏来源。除上述三个常用流量来源外，还有两个重要的隐藏来源。

1）利用软件功能，推荐给可能认识的人。

2）官方活动。参与官方活动，不断跟进真实有效的话题、热点，不仅能有效节约时间成本，而且能极大程度提高视频成为"爆款"的概率。尤其对于平台官方推出的热点话题，相关联视频将大幅度提高账号萌芽期的内容曝光率，并且短视频平台算法推荐机制会对热点活动有额外的流量加持。

（2）付费流量。

付费流量分为普通短视频付费流量和电商类短视频付费流量两类，其区别是视频是否带有购物链接。前者未挂小黄车，后者挂小黄车。普通短视频仅需用 DOU+ 付费加热。若电商类短视频挂小黄车，就涉及 DOU+ 和小店随心推两种加热工具。

① DOU+。DOU+ 是抖音官方平台推出的视频加热工具，通过付费将视频推荐给更多的潜在的用户，助力账号改善数据、增加粉丝，

甚至上热门。

DOU+ 实质是付费买流量的工具。大部分达人的短视频除了本身高质量内容带来的自然流量外，DOU+ 也发挥了重要作用，热度高的短视频是自然流量和付费流量结合的产物。目标用户越精准，DOU+ 的投放效果就越好。

②小店随心推。巨量千川是巨量引擎旗下的电商广告平台，于 2021 年 4 月 9 日正式上线，是抖音的重要付费流量工具。它总共有三个版本，PC 端分为极速版和专业版，手机移动端版本叫"小店随心推"。

小店随心推是更为专业的商品推广方式，助力账号获得更多成交额，但其不向未开通直播和不挂小黄车的用户开放。

6.2.3　上热门：平台算法与推送逻辑

平台算法推荐，即平台流量分配去中心化的一种算法机制。在短视频平台，创作者除需具备出色的个人能力之外，也必须遵守平台设定的规则，才能做好这一增量渠道的运营。

下面将以抖音为例，从兴趣电商的底层逻辑、平台流量推送逻辑、热门视频五维度等三个方面介绍推荐算法。

1. 兴趣电商的底层逻辑

兴趣电商是随互联网发展兴起的销售模式，常见于各大短视频平台，为传统的网络购物注入了新的活力。

天猫、京东和拼多多等传统电商的购物路径是"需求—搜索—对比—购买"。例如用户的需求是购买空气炸锅，便去某个常用平台搜索，再去其他同类平台对比价格、用户评价及物流速度，最后确定平台下单，这是通常的线上购物的基础流程。

但兴趣电商不同，其购物路径是"兴趣—需求—购买"。

以购买口红为例，用户出于娱乐消遣目的打开抖音短视频或直播，此时无任何购买需求。但在看视频的过程中发现某位博主或直播间某位主播的口红十分好看，于是用户"被提示痛点"，认为自己缺少合适的口红。当她继续看下去，发现这位博主或主播所使用的口红色号似乎很适合自己的肤色，此时，用户便"被激发出购买需求"，加上价格低便"下单购买"。

以上案例生动清晰地勾勒出兴趣电商完整的购物链路，即"出于娱乐消遣目的打开抖音短视频或直播—被提示痛点—被激发购买需求—下单购买"。用户在愉悦的状态中下单购买，无意之间完成流量与消费的转化，成为产品的最终客户，这便是绝大部分人的兴趣电商购物体验。

表面看，这是客户购买路径的区别，实质是核心竞争力不同，抖音等兴趣电商渠道的核心竞争力在于"内容能力 + 兴趣推荐"。商家、达人创作者需要创作高质量内容，平台再通过大数据将视频或直播间推荐给可能感兴趣的人，二者缺一不可。

2. 平台流量推送逻辑

平台流量推送逻辑表现为算法推荐。平台对视频作品的审核由机器和人工共同完成。这种设置既避免了纯人工审核的低效率，也防止了纯机器审核造成的漏洞。

（1）机器审核。作品上传后，首先进入机器审核流程。机器按照提前设定好的人工智能模型进行识别审核，具体的审核指标参数众多，官方也从未公布。但综合总结，关键指标有两个：一是审核作品中是否有违规行为，例如是否存在违禁词、敏感话题、广告等。如果含有这类情况将会触发不同审核方式，一般情况下由机器通过标黄或标红等方式提示触发人工审核，严重者将被机器直接拦截。二是通过抽取视频中的画面、关键帧与抖音数据库中已存在的海量作品进行匹配比对，查看是否重复。如果内容被判定为是抄袭的，作品将被低流量推荐，或者降权推荐，也就是生活中常称的限流。

作品被机器限制有五种情况，图 6.2-3 所示为机器限制的具体分类。

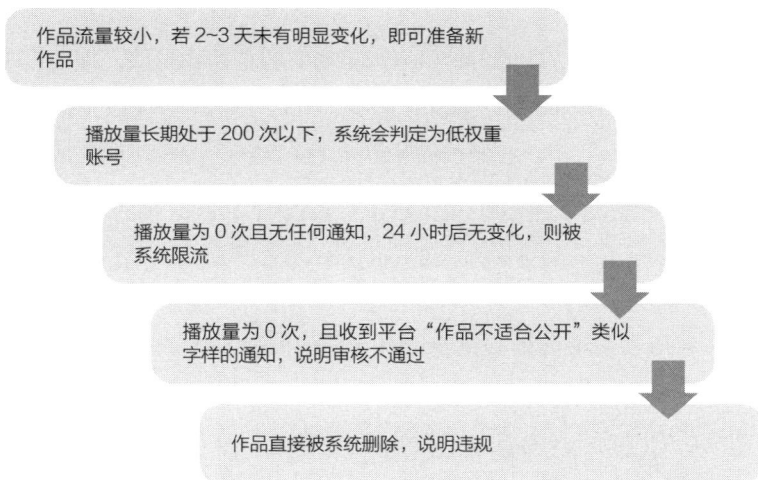

作品流量较小，若 2~3 天未有明显变化，即可准备新作品

播放量长期处于 200 次以下，系统会判定为低权重账号

播放量为 0 次且无任何通知，24 小时后无变化，则被系统限流

播放量为 0 次，且收到平台"作品不适合公开"类似字样的通知，说明审核不通过

作品直接被系统删除，说明违规

图 6.2-3　机器限制的具体分类

（2）人工审核。初步审核的结果看似复杂，但稍微梳理便可明白其中的逻辑所在。图 6.2-4 所示为审核的四种结果。

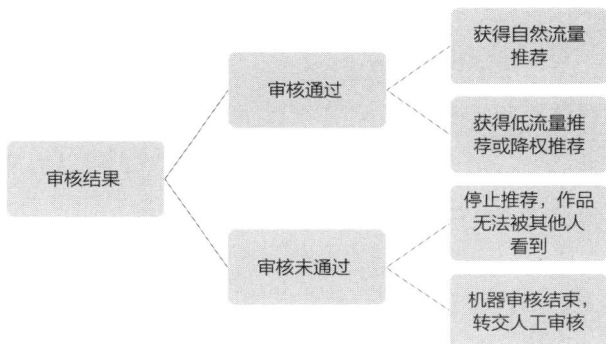

图 6.2-4　审核的四种结果

　　针对机器审核筛选出疑似违规的作品，人工审核主要从标题、封面和关键帧三方面逐个进行审核。如果复审确定存在违规现象，系统将针对违规账号进行删除视频、降权通告、封禁账号等不同程度的处理。如果复审并未发现问题，人工将予以审核通过，更正机器审核结果，并给予流量推荐。

3. 热门视频五维度

　　除了掌握机器审核和人工审核的协作关系，还应了解清楚作品如何从初始流量池进入推荐流量池，并把握流量推送的具体变化逻辑。

　　短视频的推荐逻辑围绕"播放量、完播率、粉丝净增、投稿活跃度、互动指数"五个维度的数据指标，判定账号权重和视频质量，从而决定是否继续给予自然流量推荐。

　　（1）播放量。考核该核心指标主要从"账号基础信息"和"互动指数"两个维度展开，但两个维度的所占权重各不相同，账号基础信息占次要权重，互动指数占主要权重。

　　在账号基础信息分值方面，平台主要审核如下三个指标。一是认证，是否通过达人认证。二是首页完整性，例如头像、昵称、签名、姓名、简介等资料是否完整。三是封面与关键帧，涉及内容质量与话题专业度。三个指标共同构成账号分值。

互动指数实为视频分值，占主要权重。考核该指标的关键指标有点赞率、评论率、转发率、转粉率及首页访问数。除以上关键指标外，还有付费流量参数，即通过付费增加的播放量。

此外，账号活跃度、内容互动量、粉丝转化量、内容完播率都会影响播放量。不存在无缘无故的限流，也没有无缘无故的流量提升，如果完播率、粉丝净增、投稿活跃度、互动指数四个指标数据可观，播放量自然高。

（2）完播率。这是后续流量推荐的核心指标，直接影响着播放量。完播率分为5秒完播率和整体完播率。业内将5秒完播率称为短视频黄金5秒完播法则，短视频前5秒的重要性可见一斑。只有确保视频的5秒完播率大于40%，视频才能够到优质视频基础门槛，否则即使付费投放，效果也不会太好。

视频整体完播率的提升更是难上加难。创作者需尽量赋予每帧画面各自的存在意义，使每个镜头画面中的动作语言都呈现一定价值，创作者不能随心所欲地拍摄。具体创作时可仔细琢磨以下影响完播率的情绪关键词，分别是"心动、认同、好奇、羡慕、愤怒、伤心、惊喜、无奈……"只需具备其中几点甚至一个点，就可以触碰用户的实际心理需求，引导用户的情绪变化。尤其是剧情类账号，创作者更需运用好"埋梗"的制作方式。

（3）粉丝净增。净增的粉丝指精准粉丝剔除无效粉丝，再减去掉粉量所获得的数据。

增加粉丝净增需要从三方面入手。

第一，稳定更新。保持账号基础活跃度。第二，设置有效简介。给账号首页简介做个人包装。第三，更新垂直内容。确保更新内容精准垂直，符合定位标签。

（4）投稿活跃度。这是创作者自身可控的指标，创作者需要根据内容定位和自身情况有规律地更新内容。电商产品型账号需保证日更一条甚至多条；人设型账号根据脚本或文案难度综合决定更新频率；口播人设型账号建议日更一条；剧情植入型账号可做到日更一至两条。

回复评论和置顶热评也会影响投稿活跃度，对增强粉丝黏性至关重要。粉丝黏性高，重度粉比重增加，静默粉比重随之减少，投稿活跃度逐渐提升。这也是脚本设计的重要环节，对于创作新手而言，更要借鉴对标账号在该方面的巧妙设计。

（5）互动指数。提升互动指数的关键在于"三题"，即选题、话题和标题。

好的选题是成功的开端。一个视频的中心选题，是视频内容的主心骨，影响受众范围的广度。优秀的选题能极大提高视频上热门的可能性。常用的选题技巧主要分为两种。一是借鉴同行选题，该方式尤其适合处于新手期需要快速上手的账号使用，需要强调的是借鉴他人选题并不等于抄袭。二是以用户利益和需求为出发点，视频内容能满足用户一定需求，无论是安全、尊重、被爱还是自我实现，只要在符合用户利益且不违背平台规则和普世价值的前提下满足用户需求，就是成功的选题。

话题的选择需要生活体验的积累，出色的话题会引发大量评论。创作者要善于观察生活细节，在视频中植入容易引发共鸣的开放式话题，从而唤醒用户的倾诉欲与表达欲。创作者也可以在评论区置顶评论以引导评论。

标题是视频内容的主要宣发出口，创作者可以通过标题增加互动率和趣味性。标题不仅关系到吸睛问题，而且关系到算法推荐。机器算法会根据标题做出对应的视频分发，推荐与标题内容相匹配的用户。如果标题不够明了出众，算法无法分类匹配，那么用户标签将产生错误的引导从而影响播放量。

标题的撰写有技巧，图 6.2-5 所示为短视频标题技巧总结。

量化标题型	问题热评型	直戳痛点型	算法关键词型	距离拉近型
• 例如"还为大肚腩发愁吗？1招帮你搞定" • 简单明了的标题直击主旨，对希望减肥的人产生巨大的诱惑力	• 例如"如果我告诉你生命只剩一天，你怎么办？" • 该类标题可以带动用户情绪，引发大量评论，有助于吸引流量，甚至帮助视频上热门	• 例如"领导三年不给你涨工资，一定是因为这件事" • 与生活相关，能极大提高对应人群的兴趣	• 例如"第一个走出高考考场的人长什么样？" • 根据标题关键词，将内容与热议话题挂钩，以便算法精确分配热门流量	• 例如"你知道你为什么莫名其妙地伤感吗？" • 善于在标题中运用第二人称，拉近与用户的距离，使其产生共鸣，吸引用户关注

图 6.2-5　短视频标题技巧总结

4. 上热门四步法

视频想要上热门，创作者在熟悉算法的底层逻辑基础上应适当运用技巧。该技巧具体总结为"上热门四步法"。

（1）提高抖音账号的权重。从官方认证、账号名、简介、头像、头图等方面进行完善。

（2）提高视频分值。从播放量、完播率、粉丝净增、投稿活跃度、互动指数等数据指标入手，增加账号分值，优化视频内容。

（3）遵守平台规则。任何行业都有各自的规则，短视频创作者同样需要熟悉并遵守平台规则。

①账号的内容垂直度与流量紧密相关，越垂直的账号，其标签定位越清楚，推流用户也越精准。②使用的热点话题需与自身账号内容相匹配。③前期视频时长尽量控制在 7~15 秒，在尚未形成较大影响

力的情况下，时长过久将影响完播率。④竖屏拍摄。短视频已经形成竖屏生态，用户习惯竖屏观看，横屏一定程度影响播放率。⑤参与官方挑战。平台发起挑战的目的便是引导制作某类视频，平台将分配给这类视频一定流量。⑥发布时间。尽量选在非工作时间发布，以便有更多用户群体观看。⑦发布地点。尽量定位到人群比较密集的场所，因为平台算法优先推荐给附近人。

（4）借助付费流量。通过 DOU+ 为视频加热，提高账号权重。

上热门的具体过程不止四步，上述只是获取流量的一般方式。创作者可以参考以少走弯路，规避部分麻烦。

6.2.4　想带货：如何玩转商品橱窗、精选联盟和巨量百应

带货是流量变现最重要的形式之一。大部分创作者在持续更新一段时间短视频积累一定粉丝量后，便会考虑流量变现。

短视频的变现方式多样，创作者想变现绕不开商品橱窗、精选联盟和巨量百应，即带货的"三驾马车"。

1.　商品橱窗

商品橱窗是抖音账号唯一的商品展示窗口和消费者购物入口。平时所称"抖音带货权限"便是指开通商品橱窗，获得短视频购物车、达人推荐橱窗、直播间挂商品等权限。

（1）商品橱窗的入口。商品橱窗权限的申请开通入口总共有两条。

入口一，点开抖音 APP，点击右下方"我"，然后点击右上角三条杠，点击"创作者服务中心"，找到"商品橱窗"点击"权限申请"，选择"立即申请"。

入口二，开通抖音小店，然后再绑定商品橱窗。先进入抖店后

台，然后点击"营销中心"，在列表里找到"账号管理"，进入之后点击"新增账号绑定"，在账号渠道一栏勾选"抖音"然后点击"登录需绑定账号"，进入界面之后输入手机号码，获取验证码后输入，点击登录，便可成功绑定。

（2）商品橱窗的开通条件。开通条件也有两套不同标准。

若由入口一进入商品橱窗，则需要满足四个条件。首先是实名认证，认证内容包括真实姓名和身份号；其次是缴纳商品分享保证金500元；再次是个人主页已发布的视频数需大于等于10条；最后是抖音账号粉丝数要大于等于1000个。此四条硬性条件达标后方可开通。

（3）添加商品。开通商品橱窗后，便可在商品橱窗中添加商品。商品橱窗主要用于展示所添加的商品，商品可分为视频分享商品和直播分享商品。直播分享商品仅限于抖店范围内的商品，视频分享商品可在橱窗或者短视频中分享。

（4）佣金提现。达人带货所产生的佣金可提现到非抖音号实名认证用户人的账号。这意味着即使该抖音账号是以他人身份证信息实名认证的，也仍旧可将佣金提现到自己的银行卡账户。

（5）商品橱窗注销。只需要将申请开通商品橱窗时所缴纳的500元保证金提现，商品橱窗便会自动注销。

2. 精选联盟

达人带货普遍面临许多问题，包括想带货却没有合适的货源、不了解带货的具体运行模式等。要解决此类问题，需先了解精选联盟的概念、精选联盟进入路径、选品广场等。

（1）精选联盟的概念。精选联盟的官方定义是连接商家和达人的CPS（商品推广解决方案）佣金平台，简单理解是指按实际销售额付费的一站式人货协助平台，相当于抖音自行建立一个交易市场，实现供需两端直接对接，主要服务对象为商家和达人。对于符合平台要求的入驻商家，可以将商品设置佣金，添加到精选联盟商品库，供达人从精选联盟商品库中选择商品进行宣传推广。此外，精选联盟还具有商品质量把控严格、平台流量倾斜、"爆款"打造模式化等众多优点。

（2）精选联盟进入路径。为方便创作新手理解操作，介绍详细进入路径如下：（PC 端）登录巨量百应，点击"精选联盟"；（移动端）打开抖音 APP，点击"商品橱窗"，点击"选品广场"，进入精选联盟。

（3）选品广场。抖音电商官方选品广场的存在主要是为了解决达人品牌资源匮乏的问题。具体进入选品广场的路径为：抖音 APP 达人主页—商品橱窗—选品广场—商品榜单 / 热销榜单 / "爆款"推荐。其中，榜单是选品的主要查看路径。下面提供两个选品思路以供参考。

①新手尽量选择"高需求和高适配"的商品。

高需求意味着易消化和大众化，可以从三个维度理解高需求。一是从行业维度看，商品需不受年龄、地区限制；二是从销量维度看，按照全网销量寻找"爆品"，并选出未受年龄限制的商品；三是从价格维度看，选品广场有众多活动商品可供选择。

此类选品受众面广泛，价格实惠，且不受年龄、地域限制，转化率高，尤其适合初入带货领域尚未建立起粉丝信任的达人。低价意味着用户决策成本低；受众广泛意味着可发现隐藏用户，从而降低转化难度。这也是许多达人初次带货选择纸巾类产品的原因，刚需类产品受众广，包装精美且价格低，不容易出现卖不出去问题。

高适配指所选的产品需与粉丝画像相匹配。例如粉丝主要来自海南地区，则带货避开羽绒服和貂皮；粉丝年龄集中在 30~41 岁，则避开老花镜等产品。

②处于成长阶段的达人的主要目标是增加销量、跟进热点、提升等级和获取口碑，此时选品需满足"高曝光和高品质"。

相关产品的具体查看路径为："抖音 APP—主页—商品橱窗—选品广场—商家榜单/热销榜单"。利用热销商品榜单，运营者可以从商品角度出发，根据销量、销售额和热推达人数排序，找到相匹配的优质选品。另外，各行业排名中的商品还可获取额外的流量扶持。

（4）商品添加。商品选择确认无误后，按照查看路径"抖音 APP—达人主页—商品橱窗—选品广场—商品—加橱窗"即可完成添加。

（5）达人佣金结算。按照抖音佣金结算规则，大部分订单的结算时间一般为确认发货后 15 日内，结算完成则订单所对应的结算佣金将自动进入可提现金额。

3. 巨量百应

巨量百应相当于中心操作台，是基于短视频或直播内容，分享商品场景，汇聚并连接创作者、商家、机构服务商的综合商品分享管理平台。

图 6.2-6 为工作台基础功能概述。

账号基础信息	账号经营数据	其他功能
• 包含作者等级、信用分、保证金额、带货口碑分、粉丝等数据 • 数据将每日实时更新	• 支付成交金额、支付成交订单量、预估佣金等 • 支持今天/昨天/近7天/近30天筛选	• 代办提醒、直播管理、任务中心、官方活动、平台公告、选品广场、带货榜单等

图 6.2-6　工作台基础功能概述

达人入驻巨量百应工作台除需具备抖音号并进行实名认证外，还需要开通商品橱窗和收款账户（聚合账号、合众账号、微信账户、支付宝账户）。

登录巨量百应工作台有如下三种方式。

（1）登录巨量百应官方网站。

（2）进入抖音电商首页，在右上角点击"登录"，选择"达人工作台"。

（3）邮箱登录—邮箱密码 / 手机登录—验证码 / 扫一扫，选择合的一种即可。

在具体带货过程中，运营者应在巨量百应工作台进行日常操作，逐渐熟悉各功能模块。

6.2.5　要变现：平台变现的五个模式

短视频行业利润巨大。为此，运营者必须提前树立变现意识，熟悉变现方式。否则到发展后期，会出现粉丝量数据可观但难以变现的问题。

具体的变现方式归纳为五种。

1. 电商卖货

电商卖货是抖音平台普遍的变现方式，也是门槛相对较低的变现方式。电商卖货主要分为两种情况，运营者可根据自身状况选取合适的方式。

（1）两种卖货情况。若身为供货方，无论是厂家、代理商还是实体店，皆可开通抖音小店，通过卖货赚取差价。

若身为销售方，便可开通商品橱窗，选取精选联盟的商品进行售卖。虽然佣金较少，但选择范围大，操作简单易上手，且前期投入低，无须积压货品，资金压力小。

（2）卖货商品选择。当账号积累一定粉丝，在成功打造个人IP后，便可以尝试卖与账号人设定位匹配的商品，选品时应尽量贴合账号标签。

（3）短视频带货。电商带货形式分为短视频带货和直播带货，这里主要讲下短视频带货。

短视频带货指通过在视频内容中的宣传，实现商品销售。一般流程为在视频开头叙事，讲解实际故事，让用户有代入感，直至视频内容快结束时引导购买。视频特征是以叙事分享为产品销售做铺垫，转移视频重心，掩盖真实意图。此方式若是运用恰当，会产生很好的效果。

从市场实际情况而言，两者效果不分伯仲，带货效果和视频内容是否能让用户产生共鸣，推荐的产品对用户是否具有实际价值有关。

2. 项目转化

项目转化也称为招商加盟，是传统商业转换到互联网领域的产物。无论是自有品牌需要寻找代理商，还是自有项目需要寻找加盟者，都可以通过抖音进行全网宣传，招募事业合伙人。

（1）项目转化分类。抖音是线上新销售渠道，作为招商桥梁连接两端，再将流量引到线下，实现线下转化，其本质是私域流量变现。

项目转化服务商通常分为专业技能服务类、专业项目咨询类和短视频服务类三种。

（2）项目转化要求。三类短视频账号若想完成线下引流，实现公域变私域的项目转化，便需要充分的垂直度和专业度、稳固的粉丝黏性，再以良好的专业人设为支撑，促进转化进程，提升项目执行能力和交付能力，如此方能成功转化。

例如定位为高端家具定制的账号，支持顾客自购木材、自选样式，变现比较容易。这是因为账号垂直度高，粉丝群体精准，转化概率也随之提高。因此。从商业定位角度分析，粉丝量不等于变现能力，项目转化变现更倾向于垂直度高、专业性强的账号。

3. 广告推广

广告变现的常见形式是达人在视频中植入广告。当用户十分投入地观看某位达人的视频时，视频的后半段突然出现产品广告，此时用户或下单购买，或抵触产品。

不同级别的任务对粉丝量的要求也有差异。广告商的等级对应账号粉丝量的级别。大品牌一般不会邀请处于起步期的博主，发展期的博主一般也不敢接受小广告商的邀约。

当账号成为头部或腰部达人时，通过接广告实现变现便成为重要的获取利润的方式。抖音达人主要通过巨量星图接传播任务、投稿任务、直播品牌推广任务和直播电商带货任务来获得收益。

4. 知识付费

除上述三种方式外，通过知识付费也可以实现流量变现。

（1）变现方式。

①将自身独特的观念或知识进行输出，进而建立完整的知识体系，自行研发课程，并将课程以商品形式售卖给有学习需求的用户。此类方法需要博主本人具有一定的特长技巧。例如作为厨师可教别人如何做菜；作为摄影师可教别人如何拍照。

②积累账号影响力，接商业广告。例如作为厨师行业的头部人物，在拥有一定威望和影响力的前提下，餐饮品牌会主动邀请其推广品牌或菜品。

（2）账号分类。知识服务型账号一般分为行业知识服务、知识产品服务和专业社群服务三种类型。

①行业知识服务，例如房地产、餐饮、汽车等探店类短视频账号，分享新开的美食店、介绍各类汽车的优缺点。该类账号通过探店的形式，与用户共享最新讯息，代替用户提前尝试。变现方式是由该行业的具体店商支付费用，该费用属于广告类下的服务认知付费。

②知识产品服务，是指线上线下的课程，英语课、理财课或者某项技能知识培训课都属于该范畴。该类账号通过知识产品变现。

③专业社群服务，主要为专业领域或专业人群服务，具有社群属性，并不局限于知识产品化，注重用户黏性，需要将粉丝转化为自己的私域再变现。例如某读书会通过"主讲 + 经验分享 + 讨论"的形式研究孩子的教育问题，参会群体会被分为幼儿好习惯养成组和青春期引导教育组。这便是按领域和人群的不同划分的，但都属于专业社群服务。

5. 打赏

打赏是难度最高的变现方式之一。情怀粉和铁粉在直播间打赏，达人才能获得收益，这对主播的要求极高，主播需有过人之处或独特技能。

首先，主播需要对粉丝产生实际价值。例如知名情感主播能为粉丝解答感情问题。其次，主播需不断提升在粉丝心中的地位。最后，主播要形象气质俱佳，情商较高，善于聊天互动，能歌善舞。

常见变现方式主要包括如下类型。

（1）打赏变现，指在直播间为主播送礼物。如用户购买音浪，0.1 元 =10 音浪，主播赚取音浪后获得收益。

（2）直播间任务奖励，通过参与 PK、话题、任务等活动实现变现。

6.2.6 得高分：达人如何提高分值与等级

短视频具有其独立的运作逻辑及发展模式，其中，运营账号的具体情况应该如何衡量评价？

1. 带货口碑分

带货口碑分是抖音平台基于达人历史分享的商品评价、售后、投诉等多维度综合计算反映达人带货值得信赖程度的数据指标。

（1）带货口碑分的计算方式。带货口碑分为 5 分制，最低 3 分，以"*"展示，星级越多，表示带货口碑分越高。从商家近 90 天的商品体验（50%）、物流服务（15%）、服务态度（35%）三个评分维度加权计算得出。若运营者 90 天的订单数达不到计算门槛，则不予以显示达人带货口碑分。出现异常、虚假数据情况时，均会在计算时予以剔除。刚加入的达人直播、短视频、橱窗带货的有效交易不足 30 笔，暂无带货口碑分。带货口碑分每天 12∶00 左右更新。

（2）带货口碑分查看入口。移动端有两个入口，其中一个入口为抖音短视频主页—我—创作者服务中心—商品橱窗—带货口碑分，另一个入口为抖音短视频主页—我—商品橱窗—带货口碑分。

PC 端入口一为巨量百应平台—作者成长—成长分析—带货口碑分；入口二为巨量百应平台首页—带货口碑分。

（3）带货口碑分的内容组成。带货口碑分是由达人分享商品近 90 天的商品体验、物流服务及服务态度三个评分维度加权计算得出的。

①商品体验占比 50%，分值来源于近 90 天创作者分享商品产生的差评率和品质退货率数据，并根据创作者基础单项数据指标在所

处行业的综合排名计算得出。需要注意的是，商品差评率以近90天的物流签收数据为准，品质退换率数据是取最近15~104天品质退换数据。

②物流服务占比15%，分值来源于近90天创作者分享商品产生的揽收及时率和订单配送时长数据，并根据创作者基础单项指标所处行业的综合排名计算得出。

③服务态度占比35%，分值来源于近90天创作者分享商品产生纠纷商责率、投诉率、IM三分钟平均回复率、退换货／仅退款完结时长数据，并根据创作者基础单项指标所处行业的综合排名计算得出。

（4）带货口碑分的影响。达人带货口碑分越高，转化成功率越大，自然流量占比及权重越大，直播间投放巨量千川广告的限制就越少，可选择的带货种类越丰富，可参与的平台报名活动也越多。反之，带货口碑分越低，自然流量推荐越少，自然流量占比及权重越小，可参与的平台报名活动越少。分数低于平均值的达人，其推荐的商品将被减少推荐频次。

由此可见，带货口碑分是达人带货的综合表现，分数太低则会影响购物者对达人的信任度。

2. 用户信用分

与带货口碑分不同，信用分的建立主要是为了规范抖音用户分享行为。当用户发生违规行为时，平台将根据违规类型及违规内容扣除用户相应信用分。违规类型包括商品与视频无关联、违规营销等。

（1）常见违规类型及处罚措施标准。图6.2-7所示为具体处罚细则。

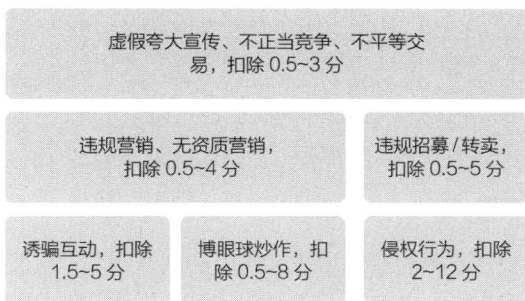

图 6.2-7　具体处罚细则

虚假夸大宣传是指对所分享的商品信息及各项参数效果进行夸大虚假宣传，包括不限于使用绝对化、欺诈性和误导性语言、文字、图片、计量单位等，对所分享商品的功效、服务及价格进行不实或夸大描述，明示或暗示与商品信息不符的内容等，以及通过贬低其他商品、品牌等进行商品宣传，或以虚假片面的信息为基础进行商品对比。

不正当竞争是指通过抽奖、买赠等方式给予的商品或服务，其价值高于 50 000 元人民币。

诱骗互动是指以虚假承诺为噱头，诱骗受众对店铺的内容、商品进行互动评论。随着达人对平台了解的逐渐深入，也会对其中的规范标准更加熟悉。

（2）信用分节点及处罚措施。信用分的最高分为 12 分；信用分的初始分是 10 分，达人有 2 分向上的努力空间，也有 2 分向下的安全地带。

其中较为重要的分值节点需要引起注意。

信用分在 8~12 分，商品分享功能正常使用。

信用分在 6~8 分，商品分享功能将被停用整改 1 天。

信用分在 4~6 分，将接受更多处罚。如跌至 4 分，商品分享功能将被停用整改 3 天。

当信用分跌至 2 分，商品分享功能停用整改 7 天。

当信用分掉到 0~2 分，商品分享功能将停用整改 14 天。

如果信用分掉至 0 分，商品分享功能将永久关闭。

（3）信用分查看路径。信用分查看路径有两个。

①巨量百应平台—首页—信用分—信用分详情，即可查阅相关分数。

②抖音 APP 首页—商品橱窗—信用分—信用积分。

3. 作者（达人）等级

作者等级是反映达人综合电商直播能力的数字指标。等级从 L0 到 L6 共 7 级，等级越高，代表达人综合电商直播能力越强。

等级是根据达人近 30 天的带货能力、粉丝影响力、内容影响力和服务能力四个维度的综合评估结果得出的。其中，带货能力主要依据 30 天的累计直播带货成交金额得出，持续稳定地带货有助于提升等级。粉丝影响力主要参考近 30 天粉丝量、粉丝订单等考核项，努力与观众互动可以更高效率地转化粉丝。内容影响力主要用于考察近 30 天开播有效天数、电商看播人数、人均观看时长等考核项，持续开播、发布优质视频，有助于提升内容影响力。服务能力也称服务质量，主要用于评估带货口碑分、信用分等综合指标，服务态度良好、带货数据出色有利于提升服务能力。

作者（达人）等级查看路径。共有两种路径可供选择；路径一为"抖音 APP—个人主页—我—商品橱窗—达人等级—我的等级"，可以查看目前达人所在等级及变动情况；路径二为"巨量百应工作台—首页—作者等级"。

4. 星图达人等级

以抖音为例，若想在广告客户方获得更多曝光，接收更多广告任务，渠道运营者就需要了解星图达人等级和相应权益。具体查找路径是"创作者服务中心—我的星图—权益中心"。在星图上达人共分为 LV1~LV4 四个等级，不同等级达人将享受对应各自级别的平台权益等级越高，权益越多，获得曝光的机会与广告订单也越多。

运营者应始终保持高度的警惕意识，时刻关注平台最新规定与活动，严格遵守规则，在能力范围内提升账号等级，以便在未来的重要分销渠道中占据一席之地。

6.3　直播电商渠道构建与运营方法

直播电商渠道，是新媒体行业中另一重要的分销渠道。了解其构建与运营方法，能帮助企业和个人打开新的财富大门。

6.3.1　直播电商的平台规则与带货模式

直播绕不开具体的"人、货、场"。

按照直播间团队角色分工，前端有主播、助播；中端有运营、中控和投手；后端有媒介、客服和内容。"货"在直播间指选品、测品、排品三件大事。常见的直播场景为室内直播场景。

随着市场认知度提高，"场"也向多元化发展。其一方面表现出直播向线下零售业态的渗透与带动作用，另一方面表现出对产业链上游的渗透，从而进一步缩短流通渠道，提升产业链效率。

（1）"人"。一个成熟的直播间有主播、助播、运营、中控、投手、客服、内容、媒介，有些还会配置创意人员等。不同岗位的具体职责如下。

①主播。主播在整场直播中出镜，要做到熟悉产品信息、准确播报活动信息、介绍产品、展示产品、把控直播节奏和过品速度。其中，把控直播节奏尤为重要，关系到整个直播的流畅度和直播效果。主播主要职责分为呈现产品、把控节奏和与粉丝互动三大部分。

其中，呈现产品时需要把握讲解、展示和售卖三个关键点。其中，产品讲解是基本功，主要介绍产品外观、体积、包装方式、品牌历史、设计理念、使用方法、基础价格等。除此之外，主播需要从竞争品类差异化分析角度说明产品特色、优势及无伤大雅的不足。主播需要从观感、触感、嗅感等角度强调不同类目产品的使用感受，加上产品优惠、产品搭赠以及折扣的现场计算影响用户决策。在产品展示方面，主播需要全方位展示产品上身效果或者使用方式和细节。在产品转化方面，主播需要引导粉丝对产品产生需求，从而促进转化和成交。

节奏分为"种草"节奏和收割节奏。"种草"节奏指产品上架前充分输出产品要点，创造需求。收割节奏指产品开卖后，通过逼单、促单技巧迅速引导粉丝下单。

主播与粉丝互动时要把握留人、转粉和转化三个关键点。留人指将粉丝留在直播间，粉丝无法留存，后面的互动和转化无从谈起。转粉是指将流量转化为粉丝，这也是主播的主要职责。转化指主播把直播间产品销售出去，这也是直播的最终目的。

②助播。助播也称副播或直播助理，协助主播直播。助播需要和粉丝互动，简单介绍产品、回复问题，按照脚本及时帮助主播做补充，可以出镜，也可以不出镜。助播既要与主播保持默契配合，又要和粉丝保持良好的互动，具体岗位职责分为主播协助、场控互助和客

服辅助。

负责协助主播的助播，需要补充讲解主播未充分讲解的产品卖点。其补充内容可以是脚本的补充呈现，也可以是根据直播间粉丝关切点的强化说明。此外，助播还需要协同展示、协调售卖，充分展示产品卖点，引导粉丝下单。助播与主播可以一唱一和，起到强调补充的作用。

负责场控互助的助播，又称为"场辅"，需要辅助场控进行氛围的烘托，制造节奏点提升直播间氛围。在实际执行过程中，很多直播间的助播和场控是一个人。

负责客服辅助的助播，又称为"客辅"，负责协助主播回复粉丝提问，可以用文字在评论区回答，也可以通过口播形式回答。

③运营。运营工作事无巨细，在直播领域的角色相当于春节晚会的总导演，要做人员统筹、货品统筹、流量统筹和脚本统筹工作。

在人员统筹方面，需要做到协调好直播间人员岗位和工作，包括岗位分工、直播各项工作分配，以及主播等核心岗位的把控。

在货品统筹方面，需要梳理直播间货品结构，把控直播间货品质量，整理直播间货品类型以及搭建直播间货品梯度。

在流量统筹方面，需要规划好直播间各流量入口的预算，安排公域与私域流量的承接方案，调整付费流量和免费流量的比例。

在脚本统筹方面，需要撰写直播间脚本，明确直播目的和主题，规划直播呈现方式，确认直播话术（包括主播、助播和场控的一切有声话术），把控直播间执行的各个要素。

④中控。后台的各项操作主要由中控来完成，中控职责主要为链接操作、活动操作和呈现设置。

链接操作主要是产品上架、改价和库存设置，主要配合直播节奏做产品上下架、产品价格调整和产品库存调整的具体操作工作。

活动操作指优惠券、福袋等福利的设置与调整。

呈现设置一般指贴片设置、视频插播和背景轮替三种操作，根据直播间内容适时调整相关贴片、视频插播和直播背景。

⑤投手。投手是流量商业化的产物，在直播行业是新细分的岗位，主要有如下职责。

预算规划，根据直播规划制定相应的商业开采计划。

人群规划，根据直播间定位规划相应的流量人群。

建立计划，根据预算和人群建立相应的采买计划。

优化调整，根据直播的反馈实时进行计划的优化调整。

⑥客服。客服需要跟进销售的全过程，具体岗位职责主要为问题解答、售后处理和粉丝群维护三部分。

问题解答指对客户提出的产品相关问题进行回复。售后处理指包括退款、遗失补发、中差评沟通对接、好评维护等处理订单的售后问题。粉丝群维护指建立和维护粉丝群组，营造良好的群组氛围，安抚和调动粉丝情绪等。

⑦内容。直播间内容岗位也称创意策划。成熟的直播间基本都会配置内容岗位。该岗位工作主要由视频创意策划制作、直播内容策划和场景呈现策划三部分组成。

视频创意策划制作岗位，负责账号内各种视频内容的打造，包括引流视频、产品视频和吸引粉丝视频等。直播内容策划的工作重点是策划直播间的内容、玩法，结合直播活动给粉丝不一样的体验。场景呈现策划，主要包括策划直播间硬装效果、直播间贴片和动图设计，例如主播的妆容创意等，也由内容岗位完成。

⑧媒介。通常情况下，大品牌商或者做矩阵的直播间会配置媒介。媒介主要负责对接达人、供应链、品牌。

对接达人指匹配平台达人，与达人进行直播间货品的联动和品牌曝光。对接供应链，指寻找符合直播间的供应链，更新配置。对接品牌指主播招商，选择与主播人群相匹配的货品进行招商，丰富直播间产品线。

直播间的人设定位也很重要。人设有很多。

"专业人设"也是很多达人成功的关键，例如情感咨询师、美容师、健身达人、穿搭师等都以专家的视角帮助用户完成消费决策和商品消费。这种人设更适合卖高客单价商品、专业类商品和高品质商品。

另外，还有常见的"性价比高"的人设，即具有商品砍价能力的同时，还能保证质量，帮助用户缩短消费决策时间。这类人设获得用户后，主播则具有强大的带货能力。

（2）"货"。产品是进行直播电商带货前应考虑的重点因素，相关工作内容如下。

①选品。选品是直播电商运营的重点和难点。选品不仅难在面对多如牛毛的同质商品，还难在勾起消费者的购买兴趣。选品必须要保证产品卖点特殊、有亮点、易展示、可视化感知和商品价值高，最重要的是高性价比。要解决以上选品问题，应注意以下原则。

外观是产品被消费者选择的重要因素。

质量是直播带货的基础。消费者收到质量差的产品，轻则差评，影响商家口碑分，直接影响后期的流量；重则投诉平台，向亲朋好友传递差评。因此，选品上应做到"亲测有效"，如果品类太多做不到，就需要配置选品团队。选品流程是先让商家发实物视频，邮寄实物，并核实生产资质、产品同批次检验报告，签署有"样品与售品品质一致、提供同批次第三方检测报告真实"等关键字样的承诺书或合作合同。

针对不同群体，产品对应的功能特性也不同。功能性选品要选宽不选窄，选简不选繁，尽可能选择人人都能使用，受众面广泛的产品。

在款式方面，产品有新品、老品、升级款、经典款（普通款）。选品时优先考虑选新品和升级款，这类产品处于生命周期的初始位置，成为"爆款"的概率更大。老品或者经典款价格比较透明，除非有明显的价格优势，否则要慎重选择。

选品要定价合理，不仅要考虑平台成交价格，还要符合现在主流消费者的心理定价。

在选品确定之前，直播渠道运营团队要在产品的已售渠道查看评价，好评率低于85%就要慎重选择。

②测品。选品环节筛选出潜力产品，测品则验证产品销售潜力。常用的测品方法有短视频测品、直播挂链接测品和直播间互动测品。

短视频测品，指将待测产品根据不同销售话术和展示场景制作多组带货类短视频进行发布，根据点击、转化、评论数据了解该产品的销售潜力。

直播间挂链接测品，指在直播过程中，同步上架几款备选产品，在不对其进行讲解的情况下观察其点击和转化数据。这种测试方式的优势在于直播间可以根据测试结果进行实时调整，当有一款备选产品的转化情况较好时，可临时安排主播进行讲解，进一步测试转化效果。

直播间互动测品，指在直播过程中主播主动向观众提问来了解观众的需求。例如主播描述一种生活场景并提示痛点，让观众回应是否在生活中遇到这样的场景。若观众反响强烈，则说明解决该痛点的商品有较大的机会。这种测试方式不仅能够让主播了解观众的需求，还让观众能够获得参与感。

③排品。排品指对产品上架的时间进行把控。

对相同产品进行不同排品，能得出不同的转化率。

排品的方法可概括为两种，即单品"爆款"打造排品法和多品过款循环排品法。

单品"爆款"打造排品法指选两款产品，A 款用于成交，B 款用于留人，A、B 两款快速循环。

例如，一号链接到六号链接共六款产品，前期场观人数少时放福利款，人气最高的时候多卖正价品，人气下降的时候让福利款返场以拉高人气，如此循环往复。

（3）"场"。场关乎直播间的隐性竞争力，好的直播间能起到事半功倍的作用。为此，需要从场地选择、功能区划分、装修要点、背景策划、灯光配置、设备清单、产品摆设、彩排调试等多个维度精心设计和准备。

①场地选择。直播间应是一处独立、安静的空间，面积够用即可，通常可以选择园区写字楼、独栋别墅和直播基地。目前直播场地以排屋和别墅居多，别墅对比写字楼有综合成本优势，不仅房租费用便宜，且水、电等日常开支也低。另外，排屋和别墅可满足办公、住宿、拍摄、直播间搭建、就餐以及仓储多功能需求。当然，独栋别墅比较隔音，不必担心噪声和直播扰民问题。

②功能区划分。直播间功能区划分为展示区、直播区、工作人员活动区和化妆区几个部分。展示区是产品实物陈列和助播展示产品区域。直播区是主播出镜介绍商品和引导下单区域。工作人员活动区指场控、气氛组、运营 / 客服、其他直播支持人员如道具师、灯光师、化妆师等的工作区域。主播出镜前在化妆区化妆和直播间隙在化妆区补妆，服装类直播间还要有更衣室。

③装修要点。直播间装修简单够用就好，但地面、墙面、顶面和门窗的部分要特别注意，铺设吸音隔音材料，确保直播间隔音效果。

地面可以选择地毯、木地板等吸音性能较好的布艺材料和木质材料，降低人员走动的声音。墙面可以使用轻钢龙骨并填充隔音岩棉，表面使用隔音板饰面材料（参考录音棚的隔音装修）。顶面做和墙面类似的隔音处理即可。至于门窗，可直接特制隔音门窗或对现有门窗进行隔音改造，例如加装门窗密封条、加隔音窗帘或贴隔音膜。

直播间需要预留足够的电源插座，计划好各种用电设备的位置，保证墙插和地插数量充足而且位置合理。

④背景策划。直播间背景搭建并非一成不变，要根据所销售的类目选择不同的背景。常用的背景有货架式背景、实体店背景、源头产地背景和自定义背景四种。

货架式背景常用在卖书、鞋、包等类目的直播间。线下商家可以用实体店背景，这种背景会让用户觉得更真实。农户或工厂会更喜欢使用源头产地背景，让用户觉得货源优质，且没有中介商赚差价。自定义背景被很多品牌商家和自播团队使用，背景采用绿幕，实际画面通过技术手段完成。

⑤灯光配置。灯光影响直播间的整体效果，优秀的直播灯光设备可以使直播间更加明亮、画面更加干净，呈现在观众面前的效果也更好。直播间普遍使用的直播灯光光源有 COB 影视灯、平板灯、环形灯。

COB 影视灯的使用率很高，可以搭配丰富的附件塑造各种光效。直播中常使用柔光罩和柔光球。柔光罩可以精准塑光，柔和光线；柔光球可以使光线向四周均匀发散，照亮整个环境。

平板灯由灯珠矩阵组成，发光面积大，有不同的尺寸可供选择。

环形灯适合近距离补光，光线柔和，是很多主播的必备工具。

有无灯光会直接影响视觉呈现的效果，差的画面无法激发观众的观看欲望。灯光可以增强视频的色彩、层次感，使画面更加饱满，改善观看体验，从而提高直播间留存率及销售转化率。

灯摆在不同位置能塑造出不同光效。主光主要用于塑造主体形象、轮廓，在布光中占有主导地位。配合柔光箱后光线更加柔和，显得人物肤质更细腻。直播中大多需要柔和光线，既能体现产品质感，也能不让光线外溢，显得画面非常干净。

侧面灯主要用于辅助主光塑形，用于控制暗部阴影，平衡画面明暗，一般亮度低于主光。

背景灯会让主播与背景分离得更加明显，使人物更加立体。

⑥设备清单。直播间重要的设备有手机、相机、录像机、视频摄像头等。用手机直播很方便，但画质稍差。使用视频摄像头直播中规中矩，画质一般。相机画质最好，但直播时需要采集卡和导播台，更适合专业的直播间。

音频设备有扩音器、指向性话筒等。指向性话筒和扩音器受到主播推荐较多。使用指向性话筒可以对前方进行收音，同时避免左右和后方的噪声，工作人员可在话筒的后方直接和主播对话。扩音器移动不会导致声音忽大忽小，体积小，方便收纳。

⑦产品摆设。不同类目产品摆放不尽相同，需要参照行业的摆放习惯。

⑧彩排调试。彩排调试指预演一遍，看网络是否卡顿，光线是否充足，阴影是否明显，暗角是否过多，主播表达是否得体，产品展示空间是否足够，设备是否正常，主体光、背景光和辅助光是否调试正常。

除了室内场景外，还有四种常见的实景场景，包括供应链基地、档口、原产地和门店。

典型的供应链基地分为选货区、陈列区和专门为主播搭建的直播间。目前很多主播会在供应链基地的选货区和陈列区直播。

档口多为线下批发市场。主播身份为档口所有人或穿版模特，为了维系原有线下客户，就地取材在档口直播。

原产地直播适合农产品或生鲜类产品，让观众直面产地，有更好的体验感，增强信任感，这样有利于促成交易。

线下业务的发展受阻，实体行业重新认识到直播的价值并纷纷尝试直播，为线下门店导流。同城号大多数采用实体门店直播形式。

除了"场"本身的转移和变化，直播形式多元化与泛娱乐化趋势也比较明显，例如从以介绍产品为主的单人直播，到现在助理或者明星助播，加强与用户的互动。又如在直播场景中融入搞笑元素，进一步加强娱乐性。无论场景如何变化，都是为增加曝光而做出的努力。

6.3.2 如何绘制直播间开播作战图

为了经营好电商直播渠道，运营者应做好充分的前期准备，精心绘制开播作战图，即"2515"直播间开播作战图。

"2"，意味着做好找准对标账号和了解基本功能两项基础工作；"5"代表做好五大类准备工作；"15"是指该五大类准备工作各对应三项核心内容，分别是脚本准备（流程准备、营销策划、主题规划）、货品准备（货品熟悉、排品策略、挂链逻辑）、流量准备（短视频准备、投放准备、流量结构）、人员准备（前端人员、中端人员、后端人员）和后勤准备（场地设备、网络保证、道具陈列）。

1. "2"：两项基础工作

经营直播事业需要找准对标账号和了解基本功能。

（1）找准对标账号。寻找对标账号既是自身的方向寻找和人设定位的过程，也是为工作汲取营养和贴标签的过程。

寻找对标账号的注意事项如下。

①不要对标头部达人。直播带货，既有人带货也有货带人，显然，明星或头部达人带货属于人带货，而刚入直播行业的新手带货明显是货带人。因此，应尽量选择处于同一阶段但数据更优秀的直播达人作为对标账号。

②关注粉丝量变为注意直播间人数。仅凭账号粉丝量，无法断定静默粉占比，并且从关注页进入直播间的用户仅为直播间流量来源的一小部分。而直播间的观看人数才是实际有效的真实数据，因此场观人数多的直播间才是应该对标的直播间。

③对方一级类目应与自身细分类目相似。只有内容更垂直，才更容易出"爆品"。

④对标账号的客单价与自身相似或略微高一点。

⑤直播间 UV 值大体一致。UV 是指用户访问量，即访客人数。UV 值代表着访客的价值，可理解为一个访客的流量价值，即平均每进一个访客可产生的销售额。例如直播间共进 1000 个访客，销售额为 2000 元，那么 UV 值为 2 元，根据历史 UV 值，可以预测该账号的 GMV。在准备阶段可为自己设置一个符合起号阶段实际情况的 UV 值对标目标。

⑥避开对标账号的开播时间。对标账号的用户群体画像与自身相似，起号阶段账号竞争力较弱，需避免高竞价和互抢量，错峰直播，从而获取流量。

（2）了解基本功能。主播应尽快将平台、账号的基本功能了解清楚。目前，各直播平台的功能已相当成熟，并处于不断丰富优化的状态。对其功能的了解可从直播入口、设置直播间、互动组件、转化组件等方面入手。其中，直播入口相对简单不赘述。

①设置直播间。在开播之前需要正确设置直播间，主要针对直播间主题、封面、定位、话题、翻转、美化、道具、商品、活动区、上

热门、分享、设置等功能进行设置和调试。

②互动组件，即直播中的核心工具，包括红包、优惠券、福袋、PK/连麦、看播任务、分享红包等组件。红包的主要作用是留取用户及增加趣味性，激发用户互动热情。

利用互动组件，可以打造各种玩法。例如，告知用户"直播间内达到5000个用户将发红包"等。

1）发放小店优惠券。创建优惠券需小店商家在商家后台操作，主播若想在直播过程中发放优惠券，需要先到相关小店商家获取优惠券ID，再进行优惠券的添加和发放。注意设置时需要区分店铺优惠券和商品优惠券。

2）福袋。在抖音点击开播后手机下方将出现"玩"字按钮，点击该按钮，进入相应界面后找到"福袋"选择发送方式（具体有抖币数量、福袋个数、倒计时、参与范围、参与方式），输入发送口令即可。发放福袋可优化互动效果，延长用户停留时长。

3）PK。在直播间的左下角设有PK按钮，打开后会出现"发起PK"和"邀请连线"两个选项。发起PK有两种选项：一种是随机PK，即由系统随机指定PK队友；另一种是主播选择某一位主播进行PK。第二个按钮旁边会出现"邀请连线"功能，同样有两个选项，一个是双人聊天，另一个是最多支持六个人同时聊天。启用该功能的互动效果在于消除长时间单一直播造成的视觉疲惫。

主播可以与明星或达人连麦互动，从而增强直播间趣味性，同时配合福袋发放活动，激励连麦达人粉丝进入直播间观看，关注主播，参与抽奖。

4）看播任务。在抖音开播后，可以在右下角找到"任务"即可查看每日任务，完成任务便可领取奖励。

③转化组件。转化组件主要满足多样的转化需求。

2.　"515"：绘制直播间作战图

在直播策划阶段，绘制直播间作战图。在绘制作战图过程中，直播间的定位和策划尤为关键。尽管不同直播间的货品类目不同、主播风格各异、定位标签有别，但有两点始终不变，即流量获取与脚本撰写。

（1）流量获取。直播带货的最终目的是商品成交，数据集中体现为 GMV，而"GMV= 流量 × 客单价 × 产品转化率"，所以流量是一切数据的源头。实际上，流量并非普遍认知中的不可控，运营团队不能在开播后苦苦等待流量到来，而是需要精心策划和准备，增强掌控力，预设结果，推进流量增长。

想获取更多流量，首先应清楚流量的具体来源，明白观众的动向，在此基础上选择流量入口，定向提升流量。

①直播间流量入口和观众来源的细分。业内将流量入口和观众来源通常分为公域流量（直播推荐、视频推荐、关注、同城、其他）和商域流量（巨量千川、小店随心推）。

公域流量也称自然流量，商域流量也称付费流量，还可将直播带货流量分为三大流量入口。

结合以上三大流量入口，运营团队可分析直播带货的特点和常见流量问题。

②直播前需完成流量评估和规划。直播推荐、关注、同城是显性流量来源。具体方法为发布时选择同意推荐至同城，同城的房产号、探店号、相亲号等皆可尝试。

③其他流量属于不精准流量，即泛流量，主要来自五类渠道，具体包括上一主播下播后掉入该直播间的用户、分享直播间后引进来的用户、同一抖音账号授权登录多个平台（如今日头条、抖音火山版、西瓜视频）引来的用户、短视频引进来的用户、主动搜索进入的

用户。

④巨量千川是巨量引擎旗下的电商广告平台，主播可自行在后台开通投放账户。一个抖音小店只能开设一个巨量千川账户。

⑤直播广场流量的获取方法。获取直播广场流量的方法众多，重要的是关注直播开播设置和直播间封面设置两项指标。

直播开播设置需要做好多方面细节。图 6.3-1 为直播的四个细节。

添加封面	添加标题	添加位置定位引流	自定义话题
• 1∶1高清方图	• 尽量控制在15个字以内 • 在不违规的前提下足够有吸引力	• 吸引同城流量	• 与直播内容相关，以便精确推送 • 一般结构为：类目词＋活动；修饰词＋类目词，例如"轻奢女装"

图 6.3-1　直播的四个细节

直播间封面设置需要向五个指引方向靠拢，即色彩要引起注意，构图要引起兴趣，创意要引起欲望，标题要引起行动，并且开启同城定位。

搜索是指用户通过抖音页面的"放大镜"寻找内容、达人和音乐等。抖音搜索排序机制分三种：首先是综合排序筛选，要求主播综合排名靠前；其次是正在直播而且正处于讲解该产品的状态中；最后是挂有商品链接的短视频。具备以上一点，将大概率被搜索到。

在此基础上，运营者仍可以通过部分方式优化搜索，提升搜索流量。图 6.3-2 所示为优化搜索的具体操作方式。

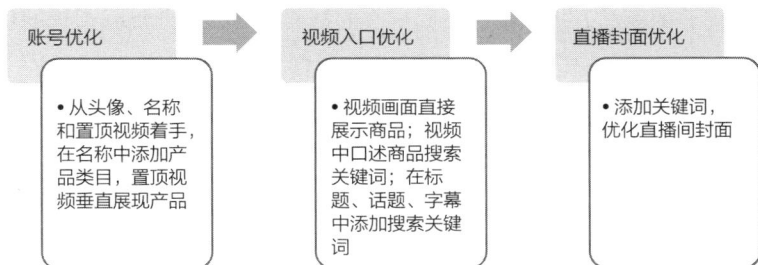

图 6.3-2　优化搜索的具体操作方式

通过关键词优化、内容垂直，运营团队可以有效提升搜索排序。

⑥引流短视频创作技巧。为使更多用户知道账号、产品及具体开播时间，需要进行开播前的蓄势引流，即合理利用"引流短视频"。

三流变一流短视频，是重要的自然流量来源。自然流量与播放量、完播率、粉丝净增、投稿活跃度和互动指数五维指标紧密相关。其中，短视频分为日常更新视频、预告视频、直播切片和播后视频，而直播前的蓄势引流主要是指通过预告视频引流。预告视频在开播前两小时发布，而且应遵循"卖什么拍什么，拍什么卖什么"。

（2）脚本撰写。脚本撰写能有效梳理直播流程，使直播有条不紊。脚本撰写对于主播顺利表达也能起到关键作用，有利于主播清楚掌握在某时段的规定流程。此外，品牌方可以借助脚本来要求传达更多内容，便于团队协作配合，更有益于复盘总结，对标直播脚本进行改进。

①直播脚本的要点。首先，应以一星期为单位制作直播脚本，既减少运营策划的工作量，提高直播工作衔接的效率，同时也方便阶段性总结。

其次，制定周期性游戏。电商直播和泛娱乐显著的区别在于电商直播不能过度展示个人才艺，例如唱歌、跳舞等。电商游戏可设置为每周周五的新品五折抢购或一周一次的抽奖免单，以此加强用户的认同心理，留下关键记忆点，有利于产品出售。

②直播脚本流程梳理。脚本分两类，即单品脚本与整场脚本。

建议主播团队以表格的形式记录单品脚本，直观清晰地体现产品的卖点和利益点，以便减少对接过程中的疑问。表格内容应含有产品介绍、利益点强调、引导转化关键点、直播间注意点等。

整场脚本针对整场直播流程。在直播过程中较为关键的便是对直播策略进行规划和安排，其重点在于逻辑和玩法的编写以及对直播节奏的把控。

优秀且全面的直播脚本是直播间步入正轨的必要条件，设计脚本对直播的生动性与数据转化的指标都有所增益。若尚未设计直播脚本，可参考并结合自身店铺商品进行设计。

③单场直播脚本要素（范本）。图 6.3-3 所示为脚本要素。

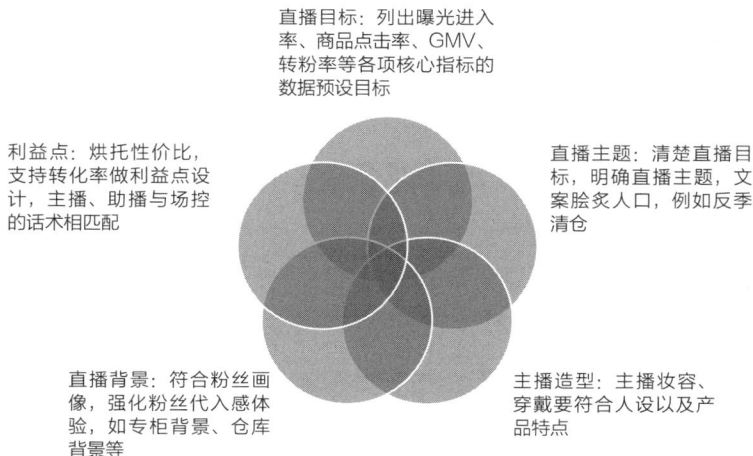

直播目标：列出曝光进入率、商品点击率、GMV、转粉率等各项核心指标的数据预设目标

利益点：烘托性价比，支持转化率做利益点设计，主播、助播与场控的话术相匹配

直播主题：清楚直播目标，明确直播主题，文案脍炙人口，例如反季清仓

直播背景：符合粉丝画像，强化粉丝代入感体验，如专柜背景、仓库背景等

主播造型：主播妆容、穿戴要符合人设以及产品特点

图 6.3-3　脚本要素

④直播流程。

第一步，前期准备，人员分工，设备检查，脚本熟悉，产品准备。

第二步，开场预热，适度活动，自我介绍和突出人设。

第三步，开场福利，展示出场福利，引发第一波成交。

第四步，过款，根据挂链商品按先后顺序过款。

第五步，举办中场活动或发福利，吸引用户停留，打造流量高峰，例如福袋口令"3 号链接 1 元福利"。

第六步，再过款，同样根据商品上架顺序过款。

第七步，活动总结，强调辉煌时刻。

第八步，结束预告，告别粉丝，预告下次直播时间，例如明天同一时间见等。

第九步，直播复盘，发现问题，调整脚本和优化不足。

6.3.3　如何从零启动直播带货

面对直播电商行业的飞速发展，新手紧迫地想尝试直播。为此，他们需要从用户购买路径、直播间精准标签、"五维四率漏斗"指标、主播话术四部分来了解直播中应注意的关键点。

1. 用户购买路径

开播前，运营团队需先清楚用户购买路径，以制定相应的营销策略和带货玩法。

用户购买路径按顺序共分为四步。

（1）用户来源。明确用户的具体来源，主要包括关注、直播推荐、同城、视频推荐、付费流量以及搜索等其他流量渠道。应重点掌握用户的来源途径，再有针对性地拓宽渠道。

（2）人气指数。该指标关系到两大用户关键路径，分别是点击进入直播间和直播间互动。

点击进入直播间是实现用户转化的第一个用户行为路径。其中有两个关键衡量指标，即平均停留时长与互动率。

其次是直播间互动，用户的评论、询价、点赞、关注、亮粉丝灯牌等行为都与直播间人气和氛围有关，其中以两个指标作为衡量依据。首先是转粉率，关注主播与加入粉丝团的人数。其次是点赞评论，用户认同内容或因代入感和吸引力强，自发地点赞评论。直播间互动量也将直接影响直播推荐流量，直播间氛围越好，互动越多，推荐流量越多。

（3）电商指数。电商指数关系商品点击和下单购买两个用户关键路径，即下单购买前必经的两个环节。

衡量商品点击的两个关键指标是购物车点击率和商品点击率。衡量下单购买的两个关键指标是转化率和 UV 价值。

（4）售后。售后关系退换货和复购两个用户关键路径，主要指标是带货口碑分和店铺 DSR 评分。店铺 DSR 评分是通过评价商品与描述是否相符、卖家的服务态度及物流服务的质量得到的店铺动态评分。

至此，用户的购买路径得以清晰呈现，为"付费流量 / 自然流量—点击进入直播间—直播间互动—商品点击—下单购买—售后"，直播带货的精进便是沿用户购买路径将每个节点的工作做深做透。

2. 直播间精准标签

直播间标签不精会造成用户群体偏差，影响直播间流量，导致整场直播成交额、商品点击率、视频播放量及点赞评论、直播间公屏互动等指标数据较差。因此，流量精准才是提升直播运营效率的关键。

（1）标签的定义。电商平台通过大量数据分析直播间的特征，从而为目标人群推荐该直播间，直播间的特征便来自直播间标签。

平台判定标签而读取的数据分两大类，分别为直播指标和商品指标。直播指标包括曝光进入率、直播停留时长、互动率、转粉率、加粉丝团率和点赞率六大指标。商品指标包括商品曝光率、商品点击率、点击转化率、GMV 和成交密度五大指标。

（2）查看标签。方法一，打开"巨量百应—精选联盟—达人／商家主页—视频／直播—主推类目／内容标签"。方法二，通过查看巨量百应中的"粉丝分析"来检验标签是否精准。

（3）标签分类。标签分为短视频标签、基础标签、直播标签、兴趣标签与交易标签等，从不同角度可划分为不同标签。

影响直播的精准标签主要有 3 种。图 6.3-4 所示为三种标签详情。

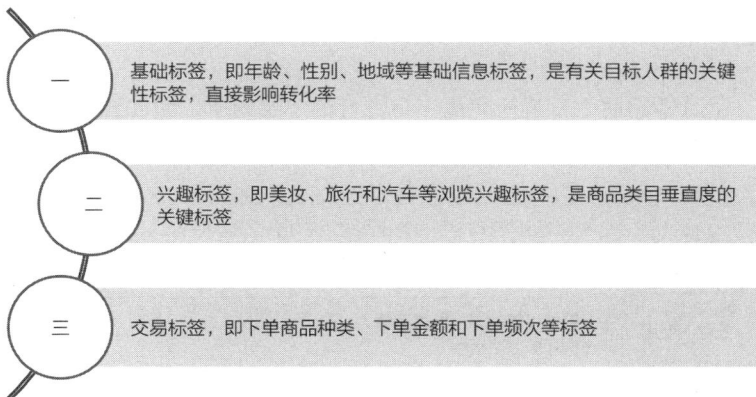

一　基础标签，即年龄、性别、地域等基础信息标签，是有关目标人群的关键性标签，直接影响转化率

二　兴趣标签，即美妆、旅行和汽车等浏览兴趣标签，是商品类目垂直度的关键标签

三　交易标签，即下单商品种类、下单金额和下单频次等标签

图 6.3-4　三种标签详情

标签运用需谨慎，稍不注意便有废号的风险。

某人初入直播行业，开播后为了数据指标可观，便让亲戚朋友纷纷下单购买，导致平台读取数据后分析判定其交易标签为"50后""60后"，交易金额在50元以内，区域定位在江西南昌。该账号开播后，平台将之大量推送给南昌市中老年群体，但产品定位为高端女装，区域范围为全国。

由于这一失误操作，账号被贴上了错误标签，后果严重。又如，某好物分享直播间，开播为积累人气而售卖1.9~9.9元的居家用品，最后交易标签定格在此价格段，导致超过10元的商品无法转化。

再如，某江苏女孩在直播间主要售卖化妆品。她的好朋友每隔几天便下单支持她，最后该账号被平台打上复购标签，开播后平台立即将之推送给女孩的朋友，难以获取新流量。

交易标签直接影响直播成交率，尤其对依靠自然流量的直播间而言，交易标签更为关键，运营团队必须予以重视。

（4）想要让直播间标签更精准，需要从三方面着手，直播间助力，视频助攻，付费加速。

①直播间助力。直播间是交易进行的主要场所，因此直播时有许多注意事项，如图6.3-5所示。

评论引导	• 在直播间互动中引导直播间的用户进行关键词评论 • 例如将福袋关键词改为服装衍生词
关键词使用	• 开播设置时添加相关话题 • 例如服装穿搭等
拉动交易量	• 类目下的成交能够更加精准定位直播间的交易标签，直播间可选择同类目下高转化产品多次返场促进转化
延长停留时长	• 平台会根据用户在某类型的直播间或者短视频的停留时长而产生兴趣标签

图6.3-5　直播注意事项

②视频助攻。视频也是精准定位直播间标签的重要环节，视频有定调、"种草"、互动和引流的重要作用，视频可通过人设塑造、热点剧情、直播片段、福利预告等多种形式引流至直播间。但需要拍摄精准的预热视频或者之前的直播切片视频，并在开播前 1~2 小时发布。

③付费加速。新起账号场观数据较差，再加上用户标签不精准，转化较困难，仅靠自然流量形成精准标签时间成本较大，付费加速便是很好的解决办法。建议投放目标选择"进入＋下单"，投放人群选择相似达人中粉丝重合度高且有竞争优势的账号。

直播间助力、短视频助攻、付费加速三管齐下，能快速为直播间贴上精准标签，从而促进精准用户转化。

3. "五维四率漏斗"指标

"五维四率漏斗"指标是直播间成交链路具体拆分后的关键指标。

（1）五维四率定义。五维是指直播间曝光人数、直播间进入人数、商品曝光人数、商品点击人数以及商品成交人数五种维度。四率是指观看点击率、商品曝光率、商品点击率以及点击支付率四项指标。当四率中的某一指标数值较低时，便会影响五维中的人数指标，进而波及最终的成交人数，导致 GMV 受限。直播间的健康状况，实际可由五维四率漏斗反推进行会诊。准确找到直播间五维四率中出现问题的"率"，对其进行优化，进而增加最终的成交人数，拉升直播间 GMV，即通过优化四率带动五维提升。

（2）影响因素。把握影响因素，应利用四大公式。

首先，观看点击率＝外层用户点击进入直播间的人数／直播间总展示人数。除了直播间的整体视觉因素会对该指标造成影响外，巨量千川投放人群以及引流视频都会对其产生影响。

其次，商品曝光率＝商品曝光人数／直播间进入人数。商品曝光包含购物车商品展示、商品弹窗展示等。

再次，商品点击率＝商品点击人数／商品曝光人数。商品点击人数主要为点击进入商品详情页的用户数。

最后，点击支付率＝商品成交人数／商品点击人数。商品成交人数为已完成支付的人数。

（3）查看指标。查看指标的具体路径如下：登录抖店后台—电商罗盘—直播列表—直播间明细—（选择单场直播）数据详情—流量分析—按人数看。商家通过以上路径便可找到直播间的五维四率，对转化漏斗中的四率进行数值诊断，找到转化值较小的部分因素，依据上述可能的影响因素追根寻源，再对直播间的观测进行验证，针对问题的根源进行优化即可。

（4）五维四率的价值。数据分析胜过一切臆断，以往针对"人、货、场"进行的主观诊断，不仅需要花费大量时间通过直播间观测，同时还具有较大的主观臆测性。通过五维四率指标，可以对直播间成交链路数据做出科学准确的分析，精确迅速地找到直播间的问题根源，快速对直播间做出反馈，通过高效率且客观有效的方式对直播间进行判断，发现阻碍直播间增量的重点问题并改善优化。

4. 主播话术

在运营团队中，主播是影响指标表现的关键性直播成员。除开播准备（人员、脚本、视频、设备检查）外，从开播暖场（留人、锁粉、活动告知）到产品介绍（痒点、痛点、卖点、爆点）再到穿插活动（粉丝福利、福袋、抽奖、红包）等，时刻考验主播的专业素质。

（1）主播类型。直播市场覆盖范围广，各类主播皆有，可概括成五种，分别是运营型主播、平播型主播、人设型主播、戏精型主播和卖场型主播。

①运营型主播又称为全能型主播，既懂产品销售又懂数据分析，能从无到有经营一个直播间。

②平播型主播的特点是能较好把控节奏，彰显专业度，这种类型的主播在高客单价类目品牌的自播账号中比较常见。

③人设型主播也称 IP 型主播，个人特色十足，以人设魅力促进销售、放大营销效果。

④戏精型主播的特点是表现力强，人格魅力十足。

⑤卖场型主播的特点是声音高亢，激情饱满，一般常见于清仓直播间或促单环节。部分传统企业转线上前期宣传时，倾向于选用此类主播。

（2）主播要求。主播需要不断提升自己，向超级主播方向靠拢。

首先是形象关，从内在性格品质到外在装扮，从发型、服饰、面容等，皆需符合大众审美要求。其次是变现关，情绪状态、声音、表情、肢体动作需收放自如，不卑不亢，落落大方。紧接是专业关，在互动留人、促单成单、控场带节奏和产品塑造方面充分体现专业度。然后是合作关，直播绝非主播一人的独角戏，其讲究团队的分工与配合，团队成员皆需具备协助意识和能力。最后是抗压关，事物的发展都要经历"低谷—高峰—低谷"的峰谷式周期，直播也不例外，主播需要有坚定的信念以及顽强的意志。

（3）主播话术内容。主播话术可总结为"七级梯度话术"底层逻辑，也称为"1234567"主播话术，其中包括 5 条底层逻辑和 2 条实操话术。

图 6.3-6 所示为主播话术内容。

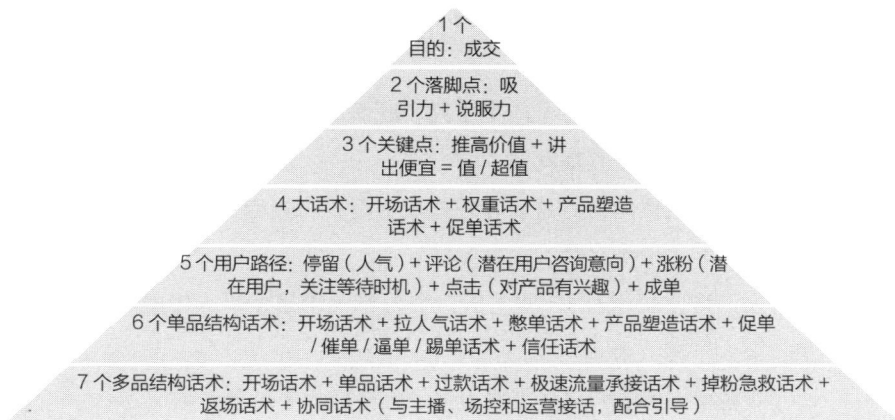

图 6.3-6　主播话术内容

其中，权重话术是指引导点赞、引导关注、引导亮粉丝灯牌、引导加粉丝团、引导点击购物车等话术。

（4）提高话术效率。话术是电商销售的武器。电商主播以商品为中心进行详细生动的宣传推销，引导用户参与直播互动，最终影响用户购买决策，在此过程中，所有影响购买者的语言表达称为话术。

下文将按照单场直播从前到后的顺序介绍话术。

①欢迎话术。切勿机械化欢迎，主播需要善于沟通和互动。主播可以解读账号昵称，例如"欢迎花好月圆进入直播间，你这个名字真好听呀，有什么特别的意思和故事吗？现在刚开播人少，可以分享一下吗？"主播也可以寻找共同话题，例如"欢迎花好月圆，我最近喜欢上了居家健身 / 喜欢上了一首歌 / 喜欢上了做饭，你最近有喜欢什么吗？"

②宣传话术。宣传话术使粉丝更熟悉直播间和更了解主播。主播可以宣传直播时间，例如"非常感谢所有停留在直播间的粉丝们，我每天的直播时间是晚上八点整，风雨无阻，如果有调整也会视频通知

哦。没关注的记得点关注，点了关注后期开播有提醒。"主播也可以宣传直播内容，例如"我是主播丽丽，今天来给大家分享几个美妆/穿搭的小技巧，学会了你一定会更加美丽动人。记得关注我，了解更多简单易上手的美妆小技巧，总有一种适合你。"

③带货话术。带货话术可以减少主播和粉丝之间的距离感，帮助粉丝做决策。

例如，主播在直播带货过程中，应适量展示产品质量和使用感受，使粉丝直观地看到效果。"给大家看一下细节，这工艺、这用料，经常穿羊绒的人可能一眼就能看出来我们家羊绒的等级。对，花好月圆姐姐说得对（假装有人回应），我们选用的羊绒纤维细度全部是小于等于 15.5 微米、大于等于 14.5 微米的特细型羊绒。大家再看它的柔软度（用手使劲揉），软得像棉花糖一样，贴身穿都不扎人，而且越洗越柔软，越穿越舒服。"

④互动话术。主播应让粉丝切实感受到良好的服务，呈现积极解决问题的态度。主播与粉丝互动，可以快速回应粉丝诉求，也可以实时跟进粉丝意见。

主播为粉丝设计简单的选择题，迅速形成良好氛围，使粉丝参与到直播间互动。例如"想要男款扣 1，想要女款扣 2"。

主播也可以设置肯定或否定的答案，增强互动性，在等待答复时维持良好气氛。例如"这个洗面奶大家用过吗？刚才说的知识点大家听懂了吗，听懂扣 1，没听懂扣 2。我的网卡吗？我的声音小吗？"

⑤催单话术。分析粉丝心理，掌握催促下单的方式。

这种方式的重点在于抓住粉丝"怕错过"的心理。例如"很快就没有了，只有 10 单了。这个产品太好了，错过了这场，这个产品以后不上了。"

⑥权重话术。其主要用于引导粉丝关注账号。

例如，新粉丝进入直播间时，可说"新进直播间的粉丝记得点亮关注。"

⑦引导停留的话术。该话术主要用于引导粉丝停留观看。

主播可以告知发福利的时间，例如"喜欢主播的给主播点个赞，三分钟后给大家上福利，好不好？"

在真正进入直播行业之前，有意愿利用电商直播作为分销渠道的商家，应将该渠道的相关运营问题了解清楚。直播行业远不止表面的光鲜亮丽，主播实际上是线上销售员，而销售的本质是成交，这一本质决定了主播承受了巨大的运营压力。因此，企业必须选择能承受压力的人员作为主播，才能真正实现从零启动直播带货。

6.3.4　如何使用直播工具，做好直播带货

直播电商离不开直播工具。以抖音为例，除了经营好账号外，还需掌握配套的抖音工具，包括抖音小店、巨量百应、巨量千川和电商罗盘等，除此之外，还应了解剪映、巨量星图和直播伴侣等。由于巨量星图和剪映在上文已做详细讲解，下面仅针对抖音小店、电商罗盘、巨量百应、巨量千川和直播伴侣进行分析。

1. 抖音小店

抖音小店是为商家提供电商服务的平台，旨在帮助商家拓展变现渠道，提升流量价值。

（1）抖音小店的优势。

①拥有巨大的流量池，并且支持绑定抖音、今日头条等字节跳动

旗下的 APP，覆盖不同年龄及地域的用户，为好物被发现提供更大可能。

②拥有高效变现通路。智能推荐机制可做到精准迅速匹配电商兴趣人群，深度匹配垂直用户，使电商内容高效转化。

③货品结构丰富，拥有海量好货，货源覆盖国际品牌、原创品牌、原产地品牌、国潮品牌等。

（2）抖音小店的类型与区别。抖音小店的开店主体分为个体和企业两类。个体是指个体工商户，企业是指有限责任公司、股份有限责任公司、个人独资企业、合伙企业、农民专业合作社等经营类型。商家根据自己营业执照中的类型选择即可。

在店铺类型选择上，两者有所区别。抖音小店分为普通店、专卖店、专营店、旗舰店四种类型。个体工商户商家仅支持选择普通店。企业商家若具有商标，则可以选择专营店、专卖店及旗舰店；若无商标，则仅支持选择普通店。

图 6.3-7 所示为店铺对商标的具体要求。

专营店	专卖店
• 以商标权利人提供普通授权的品牌入驻平台开设的企业店铺，经营两个及以上的品牌	• 指以商标权利人提供普通授权的品牌入驻平台开设的企业店铺，只可经营一个授权品牌
旗舰店	普通店
• 指以自有品牌（商标为 R 标或 TM 标）或由商标权利人（商标为 R 标）提供独家授权的品牌，入驻平台开设的企业店铺，可经营多个自有品牌或一个一级独家授权品牌	• 平台认可的无专属品牌售卖的店铺，开通条件更自由，是很多中小商家的选择

图 6.3-7　店铺对商标的具体要求

除店铺类型选择有区别外，在结算方式上也存有区别。个体工商户商家结算方式选择更多，可使用对公账户也可使用对私账户，但企业商家则务必使用对公账户。

在经营商品类目上，两者基本一致，但选择的商品类目必须在营业执照经营范围内。若不确定所销售商品的类目，可在商家入驻界面，点击选择类目，输入该商品关键词，系统便会根据所输入的关键词推荐相对应的目录。

（3）蓝 V 账号。抖音账号体系分为普通账号、黄 V 账号和蓝 V 账号三种类型。其中，蓝 V 账号代表企业官方账号。

①蓝 V 账号与普通账号的区别如下。

保护程度：蓝 V 账号名称（昵称）锁定保护；普通账号不受保护。

功能优势：蓝 V 账号支持官网链接，个人和企业电话可一键拨打；普通账号无此功能。

信息管理：蓝 V 账号私信触发关键词，自动回复，及时响应；普通账号无此功能。

留言管理：蓝 V 账号支持评论置顶及删除。

门店优势：蓝 V 账号店铺地址、电话、营业时间、推荐产品、环境、相册展示、优惠券等皆可在主页显示；普通账号无此功能。

营销优势：蓝 V 账号不受广告营销的评级打压；普通账号广告内容可能出现被打压、限流、封号等现象。

②蓝 V 账号的弊端。用户普遍将蓝 V 账号等同为广告账号，因此蓝 V 账号的完播率、互动率等数据指标较差。

蓝 V 账号的优点在于功能强大齐全，缺点在于刻板印象导致数据较差，但瑕不掩瑜，若渠道运营商为商铺，应尽量申请蓝 V 账号。无论是品牌推广还是商业运作，蓝 V 账号都有普通账号无可比拟的强大功能，便于带货。

（4）抖店定位及产品能力。其具体包括一站式经营、多渠道合作、双路径带货和开放式服务。

图 6.3-8 所示为抖店运营的具体情况。

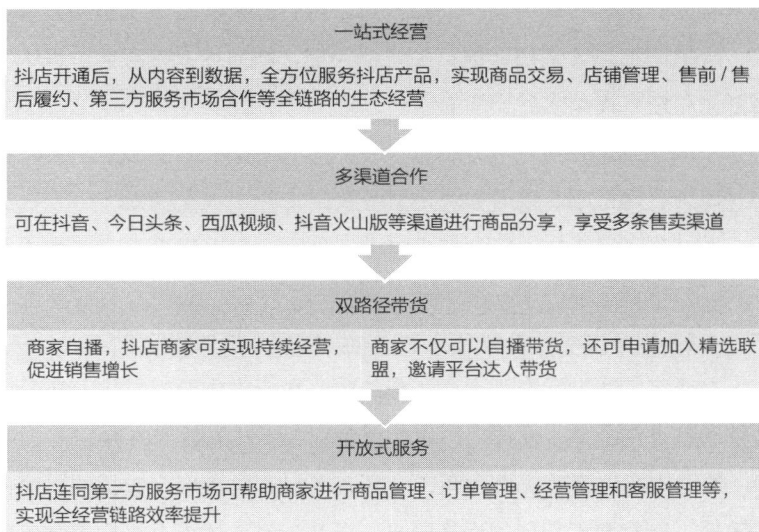

一站式经营
抖店开通后，从内容到数据，全方位服务抖店产品，实现商品交易、店铺管理、售前 / 售后履约、第三方服务市场合作等全链路的生态经营

多渠道合作
可在抖音、今日头条、西瓜视频、抖音火山版等渠道进行商品分享，享受多条售卖渠道

双路径带货
商家自播，抖店商家可实现持续经营，促进销售增长　商家不仅可以自播带货，还可申请加入精选联盟，邀请平台达人带货

开放式服务
抖店连同第三方服务市场可帮助商家进行商品管理、订单管理、经营管理和客服管理等，实现全经营链路效率提升

图 6.3-8　抖店运营的具体情况

商家通过号店一体、高效协调的服务拓展等有效动作，能打造全链路营销。

2. 电商罗盘

电商罗盘是抖音电商官方权威多视角、全方位统一的数据平台，支持三类角色查看数据，包括商家、达人、机构等。不同角色可查看的数据内容及主要操作入口不同，支持登录后切换角色。

抖音电商罗盘（商家版）主要包括数据分析功能和数据诊断功能。数据分析功能又包含十余个模块，数据诊断功能包括服务和直播两大模块。直播分析包括直播详情页和直播大屏，助力商家在直播过程中实时盯盘和在直播结束后详细复盘。

抖音电商罗盘（达人版）主要包括首页、内容分析、交易分析、商品分析、合作商家五大功能模块，推荐使用顺序为首页—内容分析—交易分析—合作商家—商品分析。内容分析包括短视频和直播明细，直播明细包含直播详情页和直播大屏，助力达人在直播过程中实时盯盘和在直播结束后详细复盘。

（1）电商罗盘的PC端商家操作入口为抖店后台—数据，达人操作入口为巨量百应—数据参谋—更多数据。

手机端商家操作入口为抖店移动工作台—抖音电商罗盘，达人操作入口为抖音APP—商品橱窗—数据看板。

（2）抖音电商罗盘包含基础功能、数据分析功能等功能。

①基础功能包括账号中心、帮助中心和个人中心。其中，账号中心位于首页左上角，支持用户切换角色查看不同的数据内容。

帮助中心位于首页右上角，支持查看抖音电商罗盘数据的平台使用手册、所有数据指标的详细定义，以及商家、达人、机构等常见疑问解答。

个人中心位于首页右上角，支持查看数据授权的相关申请或审核状态、历史记录。其中，数据授权又分为达人全部数据授权和单个直播间数据授权两大类。达人全部数据授权由达人主动发起，选择任意商家或机构授权查看达人账号的全部罗盘数据。单个直播间数据授权由商家主动发起，选择任意一场和达人合作的非专场直播间申请查看全部数据，达人可查看申请记录并判断是否同意商家查看其数据。

②数据分析功能包括多个模块，不同角色登录抖音电商罗盘，可使用的数据分析功能也有差异。实时数据功能主要指在直播场景下为帮助商家盯盘提供的数据功能。

直播大屏，助力商家实时盯盘直播间数据，从而有效调整直播流量投放、互动及商品讲解策略，包括直播核心数据、人气互动成交数据趋势、流量或订单来源、用户画像、商品列表、实时直播画面或评论等六大核心模块，更有实时直播画面及评论帮助商家直观感受现场。

广告大屏，助力商家实时调整直播间广告投放策略，包括广告核心指标、流量表现、用户画像、计划列表、创意模块以及效果趋势六大核心模块。

（3）抖音电商罗盘的价值。对于商家而言，电商罗盘支持获取十三大模块数据的指标明细，并具有自播诊断、达人代播诊断、用户资产分析和服务诊断等智能分析，指导商家经营决策，直播实时商品讲解推荐、智能选品组货及复盘诊断等功能，多维度助力商家直播全流程，促进商家实现稳定经营、提升销售业绩。

对于达人而言，电商罗盘支持达人查看成交额及佣金等核心带货数据、直播或短视频数据、不同交易来源成交金额、合作商品曝光转化明细及合作商家服务评价等关键数据，帮助达人优化选品策略，提升内容生产及带货能力。

对于机构而言，电商罗盘支持机构查看所有绑定达人或商家的核心数据总和、每位达人及商家的内容生产及成交数据，帮助机构更有针对性地给达人或商家提供支持、管理及培养达人，提升规模化创收能力。

3. 巨量百应

巨量百应是汇聚并连接创作者、商家、机构和服务商的综合商品分享管理平台。

图 6.3-9 所示为巨量百应的优势分析。

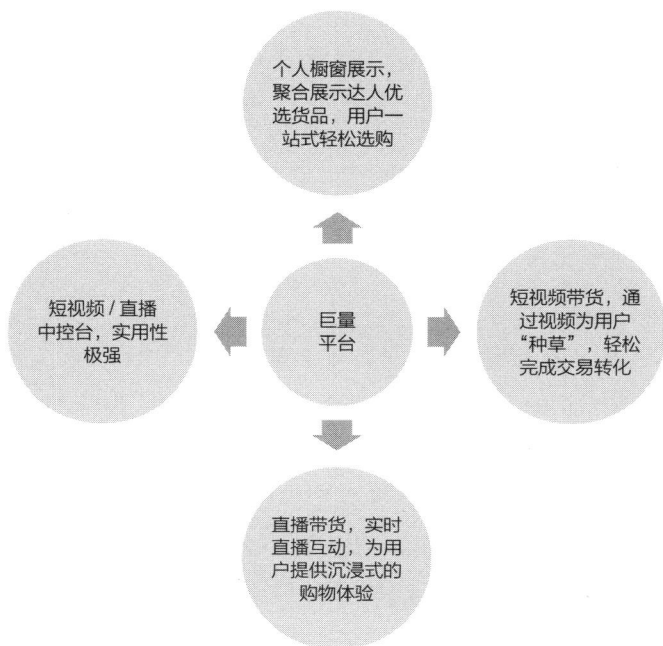

图 6.3-9　巨量百应的优势分析

（1）百应工作台基础功能。其主要由账号基础信息、账号经营数据、待办提醒、直播管理、任务中心、官方活动、收藏作者、平台公告、选品广场、常用工具、带货榜单等组成。

其中，账号基础信息包括作者等级、信用分、保证金余额、带货口碑分和粉丝数据，数据每日更新。账号经营数据又分为创作数据和经营数据：创作数据包括直播观看人数、互动人数、视频浏览次数、视频互动人次数；经营数据包括支付成交金额、支付成交订单量、成交客单价，达人还配备有额外的预估佣金收入功能。在实践过程中，运营团队可以逐步了解以上功能的划分标准和使用细则。

（2）直播中控台指南。其主要包括添加商品至购物车、管理直播间评论、配置主播题词板等功能。

直播间商品添加流程共分五步，图 6.3-10 所示为直播间添加商品的详细步骤。

| 登录百应
工作台 | 添加商品
至橱窗 | 直播中控台
添加商品 | 选择商品
来源 | 确认添加
商品 |

图 6.3-10　直播间添加商品的详细步骤

直播间评论管理的六大功能分别是快速回复评论、发布评论增强互动氛围、置顶评论、筛选评论实现评论分层管理、聚合相似评论防止无效刷屏和回看评论精准复盘。

4. 巨量千川

巨量千川是抖音电商广告平台，为商家和创作者提供营销解决方案，增强品牌曝光，助力直播带货以及短视频图文带货。其本质是直播商域流量即付费流量的主要来源。

巨量千川的版本，分别是小店随心推、PC 推广版。各版本账号互通，共用资质和资金池，操作由简到繁，逐步实现电商营销从入门到精通。

小店随心推是巨量千川移动端产品，主要针对新手在手机端提供轻量级的服务，操作简单。PC 推广版适用于有一定投放能力的商家，后台选项精而少，操作简单易上手。上述版本从易到难，满足不同人群的需求，全方位覆盖付费流量市场，是较为人性化的阶梯推广工具。

（1）开通巨量千川。抖店商家在完成抖店官方账号和店铺的绑定后，便可以通过抖店后台开通巨量千川账户。抖音达人的开通步骤为访问巨量千川达人首页，点击右上角登录进入，在首页找到电商广告栏，点击直播推广即可进入。作为MCN，具体开通步骤为访问巨量千川机构服务商首页，点击右上角登录进入，在首页找到电商广告栏，点击直播推广即可进入。

运营团队需注意巨量千川发布内容的审核流程。内容发布后将进行广告审核和内容审核两道程序，若仅通过一次审核，将会影响广告的投放效果，通过两道程序后才将达到理想投放状态。若两次审核皆不通过，则无法获得流量。两道流程反馈审核结果的时间各不相同，投放方需耐心等待。

（2）巨量千川的入口。商家入口为登录抖店官网，进入抖店商家后台，在首页顶部导航栏点击"巨量千川"即可。代理商入口为进入直客账户，通过右上角账号切换进入代理商给该店铺所关联的虚客账户。达人入口为进入巨量百应后台，选择上方直播管理，选择左侧巨量千川，点击直播推广即可。

如果商家自运营，则可选用抖音账号进行全部广告推广活动，例如主页发布视频、选取抖音号投放视频、推广抖音号直播间等；若选择与其他达人账号合作，仍可以进行部分广告推广活动，除不支持发布视频到主页外，视频投放和推广直播间可按正常操作流程进行，点击始终授权后保存即可投放。

5. 直播伴侣

直播伴侣是直播辅助软件，支持一键开播，无须其他操作，可清晰展现公屏信息、礼物记录等数据，改善直播体验。但其作为独立APP，仅支持在PC端使用。

（1）绿幕智慧大屏功能。购买绿幕后安装抖音官方直播伴侣，按照相关操作指引完成商品绿幕大屏的设置，便可免费拥有更专业、更稳定的直播间画面以及更加多样化的商品展现场景，解决日常直播中的多种问题，包括没有额外成本采购 LED 屏幕、缺乏设计图片人才、无法调整背景素材大小、无法适配直播间画面尺寸、背景画面粗糙、表现力差等问题。

（2）除拥有强大齐全的直播功能外，直播伴侣还具有如下多种优势。

①使用平台官方推出的绿幕大屏功能，无须采购专业硬件设备，节省采购成本，为新手快速进入直播状态提供支持。

②自定义灵活操作：系统直接抓取商品详情页图片和关键元素，自动填充形成背景模板；也可自行上传其他设计素材，一键生成背景模板，操作简单。

③多种使用场景无缝切换：为主播提供多种商品模板，包括新品发布、日销款、福利款、促销款等常用商品模板，可根据直播间讲解商品的节奏，随时切换转场。

6.3.5 如何播后复盘优化数据

对任何行业而言，复盘的重要性都不言而喻。通过复盘，团队将找出问题根源，通过严谨的分析流程，从而寻找解决问题的方向，减少失误成本，加速迭代升级。

直播电商的复盘主要包括过程复盘和数据复盘，两者相辅相成。

1. 如何查看直播数据

任何没有数据支撑，仅停留在感官层面的判断，都称不上客观精准。复盘的首要任务是分析数据，讨论指标。

以抖音为例，以下介绍查看直播数据的三个入口。

（1）入口一：登录"巨量百应"，点开"数据参谋"，打开

"数据主屏"查看单场直播详细数据。

（2）入口二：登录"抖店"，点击"电商罗盘"，选择"商家视角／达人视角／机构视角"，点击"直播复盘"。

（3）入口三：抖音电商罗盘—直播—直播列表—直播详情—流量结构＆质量分析。

2. 直播间核心数据指标

直播间的核心数据可分为人气指标、互动指标、商品指标和交易指标四大类。

（1）人气指标反映直播间的流量情况，包括看播率、总观看人次、总观看人数、总在线人数和平均在线人数。

（2）互动指标主要反映直播的质量，包括互动率（点赞、评论、分享）、增粉率、加团率和人均观看时长。

（3）商品指标主要反映用户对商品的兴趣，从而反映选品情况，包括商品点击人数、商品曝光人数和商品点击率。

（4）交易指标反映的是直播间成交转化的能力，包括看播成交转化率和客单价。

3. 直播间复盘思路

直播的最终目的在于提高直播间销售额，销售额的具体计算公式为"直播间交易总额（GMV）＝直播间流量规模 × 直播间成交转化率"。既然直播间流量规模和直播间成交转化两项指标影响 GMV，则复盘时需要将这两项指标拆解，详细分析。

（1）直播间流量规模，可从外部和内部两个维度展开讲述。

①外部主要分为四个关键指标，图 6.3-11 所示为四类外部关键指标具体情况。

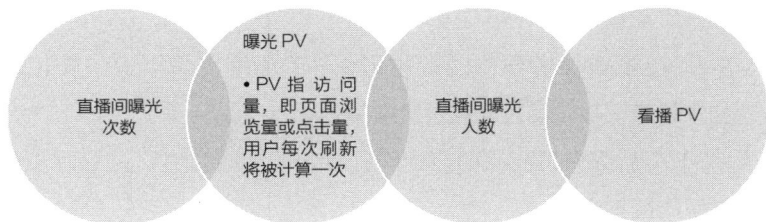

图 6.3-11　四类外部关键指标具体情况

②内部指标同样分为四个关键指标，图 6.3-12 所示为四类内部关键指标具体情况。

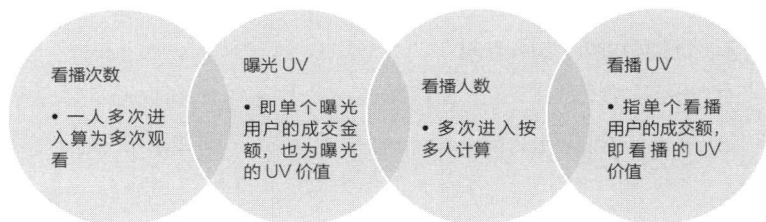

图 6.3-12　四类内部关键指标具体情况

（2）直播间成交转化有四个共性关键指标，分别是千次曝光成交金额、曝光 GPM、千次观看成交金额及看播 GPM。

其中，直播间 GPM 是指平均 1000 个观众下单的总金额，表示千次观看成交金额。GPM 的计算公式如下。

GPM= 千次观看成交金额 = 平均 1000 个观看直播的人成交的金额，该指标常用来衡量直播间卖货能力。

4.　直播间复盘指标体系

复盘分为日复盘和周复盘。两种复盘形式都离不开以下维度和指标。

（1）核心指标指看播率、关注率、互动率、转粉率、人均观看时长、千次观看成交金额等。

（2）流量数据指整体流量转化漏斗、不同流量渠道的转化效率、分钟趋势变化以及短视频引流数据。

（3）商品数据指商品的点击率、点击成交转化率、讲解时长及每次讲解的流量变化。

（4）人群数据指观看用户的粉丝占比、成交用户的新老客占比、成交和未成交人群画像。

（5）主播数据指不同主播开播时长、单位时间成交金额、粉丝增加量及转化率等。

5. 直播复盘的不同方向

直播复盘的目的在于优化流量转化，更好地选择商品、了解人群。而指标优化需要从看流量、看商品、看人群和看主播四方面着手。

（1）看流量。运营团队应主动发现流量下跌和转化不佳的原因，具体可通过"五维四率漏斗"逐个检查。

部分优秀商家习惯每日复盘，解读"五维四率漏斗"，有助于发现直播问题并及时调整，从而成功提升销量。运营团队可从四率切入，明确复盘原因，并给出优化建议。

①观看点击率复盘过程如下。

公式：观看点击率＝外层用户点击进入直播间人数／直播间总展示人数。

漏斗路径：直播间曝光人数—直播间进入人数。

复盘原因：直播间的整体视觉因素在极大程度上影响直播间最终展现效果，即从曝光到进入直播间转化皆受画面吸引力的影响；而且巨量千川投放人群及引流视频也会影响该数值。

优化建议：首先，注重提升直播间吸引力，关注视听体验，包括场景美观度、主播形象及人声清晰度、活动权益等方面；其次，引流短视频需突出展示商品细节、优惠力度及满减、优惠券、运费险等用户权益；最后，校验广告投放人群与当前讲解商品目标人群是否重合。

②商品曝光率复盘过程如下。

公式：商品曝光率 = 商品曝光人数 / 直播间进入人数。

漏斗路径：直播间进入人数—商品曝光人数。

复盘原因：商品曝光率受购物车商品展示、正在讲解的商品弹窗展示及闪购卡展示等影响，简单理解即商品吸引力、主播话术与商品弹窗均会影响商品曝光率。

优化建议：主播加强话术引导，指引用户点击购物车。

③商品点击率复盘过程如下。

公式：商品点击率 = 商品点击人数 / 商品曝光人数。

漏斗路径：商品曝光人数—商品点击人数。

复盘原因：商品点击人数除了包含点击讲解弹窗链接进入的人数外，还包含点击进入商品详情页的人数。

优化建议：首先，优化主播展示商品的视觉效果，讲解商品时尽量做到生动丰富，将商品细节、设计特色及理念、用料材质等信息完整传达；其次，提升商品主图的美观度，达到画质清晰、排版美观的效果，标题需突出商品的特色及优惠；再次，提升商品价格机制竞争力，比其他同类商品更具性价比；最后，在直播间粉丝及老客占比较高的情况下提高上新频率。

④点击支付率复盘过程如下。

公式：点击支付率 = 商品成交人数 / 商品点击人数。

漏斗路径：商品点击人数—商品成交人数。

复盘原因：商品成交人数为已完成支付的数值，主要受商品机制的竞争力和主播带货能力影响。

优化建议：首先，可通过限时抢购、限量等方式营造直播间的紧张氛围；其次，助播或评论区客服对粉丝提问进行充分耐心的解答，帮助粉丝更好地了解商品信息。

（2）看商品。运营团队应重点关注主推品及新品表现，并且关注单品整体转化情况，同时注意引流效果。

主要关注指标为单品点击率、点击转化率及单品分钟级数据表现。具体数据查找入口为"抖音电商罗盘—直播—直播列表—直播详情—商品分析—商品明细"。

运营团队应每日监控主推产品的转化情况，3~5天进行横向对比，与历史多场次比较主推产品转化数据表现，纵向分析同一商品不同讲解时刻的成交额及引流数据，不断优化口播话术及技巧。同场次对比新品与主推产品转化数据，识别潜力新品。

（3）看人群。运营团队识别直播间核心人群画像，进行精准引流。关注新老客及粉丝占比情况，注意成交人群与未成交人群的差异要点。重点关注的指标为直播间观看人数粉丝占比、直播间成交人数新客占比。

①数据查找入口：抖音电商罗盘—直播—直播列表—直播详情—人群分析—对比人群。

②运营团队应重点关注大促及调整商品机制后，直播观看人群的粉丝占比和成交人群的新老客占比。每日对比成交人群与未成交人群的画像差异，实现精准引流。定期监控粉丝占比与新老客占比，从而及时调整直播间人群结构健康度，对比直播间成交与未成交人群画像中的各项差异，积极调整引流策略，重点关注年龄、人群分布、本行业下单价值等标签。

（4）看主播。运营团队同样应对主播有所识别，判断其工作效率和对销量的影响。

①记录主播，精准定位主播数据。记录每场直播中主播的上、下播时间，通过表格或截图直播大屏的方式人工记录，直播结束次日上传至主播分析的时间记录中，记录场次越多，数据分析越精准。入口为"抖音电商罗盘—直播—主播分析—添加上播记录"。

②分析主播，进行引流、互动或转化的专项提升。运营团队应专注于解读主播开播时长、单位时间成交金额、留人能力、吸引粉丝能力及转化能力，以寻求突破。

入口：抖音电商罗盘—直播—主播分析—对比主播。

优化建议：每日记录主播的上播数据，每周复盘不同主播的各项能力表现，制定奖惩措施；横向对比不同主播各项能力表现，从而有针对性地输出调整建议；纵向对比单个主播每周数据变化，明确调整优化的实际效果，同时结合不同主播上播时段的流量情况进行综合评估。

以上是团队每日从流量、商品、人群及主播四方面展开的单场直播复盘。在此基础上，团队还需完成周复盘，形成周总结。